Ja zum Leben

Melody Beattie

Ja zum Leben

Aus tiefstem Schmerz zu neuer Lebenskraft

WILHELM HEYNE VERLAG
MÜNCHEN

Titel der amerikanischen Originalausgabe:
The Lessons of Love. Rediscovering Our Passion for Life When It All Seems Too Hard to Take
Ins Deutsche übertragen von Gabriel Stein

Die Originalausgabe erschien im Verlag Harper San Francisco

Umschlaggestaltung: Atelier Schütz, München
Satz: Leingärtner, Nabburg
Druck und Bindung: RMO-Druck, München
Printed in Germany

ISBN 3-453-08689-9

Dieses Buch ist Nichole Marie Beattie
und
Shane Anthony Beattie gewidmet.

Inhalt

Einleitung

»Nicht die Zeit heilt alle Wunden«,
flüsterte er, »sondern die Erfahrungen,
die man in dieser Zeit durchlebt.«

Es ist Freitag abend im Februar 1991. Ich sitze mit meiner Tochter Nichole und einigen Freunden in einem Kleinkunsttheater im Zentrum von St. Paul, Minnesota. Mein Freund Louie Anderson gibt eine Sondervorstellung. Gedankenverloren höre ich ihm zu und lache sogar ein wenig. Louie bringt mich immer zum Lachen. Schließlich beendet er die Aufführung mit einem einfachen Satz: »Shane, wir lieben dich«, und geht von der Bühne.

Louie, der die ganze Woche unser Gast war, macht sich auf den Rückweg nach Kalifornien; Nichole und ich fahren wieder nach Stillwater, wo wir seit sieben Jahren wohnen. Mit dem Auto dauert die Fahrt etwa eine dreiviertel Stunde. Damit geht ein seltsamer Tag auf genauso seltsame Weise zu Ende. Mein Sohn Shane hatte bei einem Skiunfall tödliche Verletzungen erlitten, und dies ist der Abend nach seiner Beisetzung.

Zu Hause angekommen, lege ich mich hin und frage mich, wohin die Menschen gehen, wenn sie gestorben sind. Bis zur Antwort auf diese Frage steht mir noch ein Lernprozeß bevor. Heute, zwei Jahre danach, weiß ich, daß Shane nicht von den Toten erweckt werden muß – so wie Lazarus durch Jesus erweckt wurde. Denn inzwischen bin ich allmählich zu der Einsicht gelangt, daß Shane auf der »anderen Seite« gut aufgehoben ist.

Ich bin diejenige, die auferstehen muß.

Alles ist dem Wechsel unterworfen. Aber einige Situationen bewirken Veränderungen, die tiefgreifender sind als sonst. Manchmal gelangen wir an einen kritischen Punkt. Manchmal werden wir von einer Klippe gestoßen. Wir sind nicht nur mit unseren schlimmsten Ängsten konfrontiert, sondern wir müssen sie tatsächlich durchleiden.

Dieses Unheil kann schlagartig durch einen einzigen schrecklichen Vorfall verursacht werden. Oder es bahnt sich allmählich an, wenn Leidenschaft und Hoffnung dahinschwinden, bis am Ende nicht einmal mehr ein bittersüßes Gefühl bleibt – sondern nur noch Bitterkeit. Wir sind immer wieder vom Leben enttäuscht und haben den Eindruck, uns aus dieser unglücklichen Lage nicht mehr befreien zu können. Dann läßt nicht nur unser Glaube immer weiter nach, sondern wir haben den Glauben an das Leben gänzlich verloren.

Kurzum: Der Zauber ist vergangen.

Ich bin Schriftstellerin und Journalistin, Frau und Mutter. Dieses ist mein sechstes Buch. Es ist das erste seit Shanes Tod und das schwierigste, das ich je geschrieben habe. Es erzählt davon, was ich über das Leben und über die Liebe herausgefunden habe, seit ich von jener Klippe gestoßen wurde.

Kürzlich, bei der Maniküre, wurde ich gefragt, woran ich gerade arbeite. Und als ich ein wenig darüber berichtete, verzog die Kosmetikerin das Gesicht und sagte: »Aber bitte kein trübsinniges Weltschmerz-Buch!«

»Nein«, erwiderte ich, »das wird es nicht.«

Dies ist eine Liebesgeschichte. Allerdings handelt sie nicht von der einfachen, unbeschwerten Liebe, sondern von der rauhen, schmerzlichen Variante. Von jener Liebe nämlich, die uns innerlich wachsen läßt, die uns verändert, reifer macht und weiterbringt auf unserem Weg. Eine Liebesgeschichte also, die das wahre Leben zum Inhalt hat.

Sie niederzuschreiben ist für mich zu einer so grundlegenden Erfahrung geworden, wie ich sie anfangs bestimmt nicht erwartet hatte. Es geht dabei ja nicht darum, einfach etwas zu Papier zu bringen; dafür habe ich in meinem Leben schon zu viele Wörter aufgeschrieben. Nicht das Schreiben als solches ist das Problem. Auch betrachte ich, obwohl ich beim Schreiben gewöhnlich mich selbst und das Leben besser kennenlerne, die Arbeit an diesem Buch nicht als Therapie, als eine Gelegenheit, meine Gefühle »ins reine zu bringen«. Das bewerkstellige ich auf andere Weise.

Vielmehr zwingt mich dieses Buch dazu, all jene Vorstellungen und Auffassungen, über die ich schreibe, auch wirklich zu akzeptieren – das ist die große Aufgabe, vor die ich gestellt bin. Dafür mußte ich erst wieder vollkommen lebendig werden, am Leben Anteil nehmen, meine Seele heilen, denn davon hängt die kreative Kraft ab, die uns alle durchströmt; und ich mußte in meinem Schreiben den Schwerpunkt genauso verlagern wie in meinem Leben – nämlich vom Kopf zum Herzen hin.

Viele von uns wissen, daß dies eine große Umstellung sein kann.

In diesem Buch geht es also darum, die Flamme der Leidenschaft neu zu entfachen, wenn die innere Glut zu erlöschen beginnt; sich zu gestatten, die wunderbaren Dinge des Lebens wieder zu sehen, zu schmecken, zu berühren und zu fühlen, wenn man meint, sie seien alle verschwunden oder hätten wohl schon von vornherein gar nicht existiert; den Stolz genauso zu überwinden wie die Angst und genügend Mut und Beharrlichkeit aufzubringen, um auch weiterhin Vertrauen zu haben, wenn man jegliche Unschuld verloren hat und bis ins Mark erschüttert ist – und nur allzu genau weiß, daß das Leben nicht nur einfach geheimnisvoll und unberechenbar ist, sondern sowohl unerträglich grausam als auch atemberaubend schön sein kann, manchmal sogar zur gleichen Zeit.

Dies ist kein Buch über Kummer und Leid, obwohl solche Gefühle auch zur Sprache kommen, denn sie sind auf innige und rätselhafte Weise mit der tiefen Liebe verbunden. Es ist ein Buch darüber, wie man sein Herz öffnet, vom Herzen her lebt, der Stimme des Herzens vertraut; wie man lernt, wieder zu leben; und nicht zuletzt ein Buch über die wichtigste und großartigste Lektion der Liebe: daß sie nämlich das einzige ist in der Welt, was man nicht verlieren kann, eben weil sie das einzig Wirkliche ist.

Manchmal tut die Liebe weh, sehr weh.

Diese Geschichte ist für jeden, der sich fragt, ob die Liebe oder das Leben all die Mühe lohnt.

Für jeden, der gezwungen war, noch einmal von vorn anzufangen.

Für jeden, der von der Klippe gestoßen wurde.

....

Clarissa Pinkola Estès beschreibt in ihrem wunderbaren kleinen Buch *Und es war gut so*, daß Geschichten – zumal jene, die auf eine schlimme Leiderfahrung zurückgehen – eine wirksame Medizin darstellen, ein probates Mittel, das Lernprozesse in Gang setzt, Herzen erleichtert, innere Veränderungen herbeiführt, Wunden heilt und das Gedächtnis reaktiviert.

Homöopathische Arzneien und natürliche Heilverfahren, die ähnliche Symptome hervorrufen wie jene Krankheit, die durch sie kuriert werden soll, gewinnen immer mehr an Popularität. Viele von uns wissen instinktiv, daß Geschichten einen quasi homöopathischen Einfluß auf die Seele haben.

Deshalb schreibe ich dieses Buch in Form einer Erzählung.

In einer Welt, die oft eine zynische, von Desillusionen geprägte Einstellung fördert, möchten einige von uns immer noch an etwas glauben. Und in einer Gesellschaft, die solche Ausdrücke wie *Zweierbeziehung* und *erzieherische Fähigkeiten* benutzt, bevorzugen manche von uns immer noch das andere, ältere Wort: *Liebe*.

In einer kalten Nacht, zu fortgeschrittener Stunde, in der gewöhnlich unsere Gespräche stattfinden, erzählte mir mein Freund Scotty eine Geschichte. Ich jammerte und tobte und versuchte, ihn davon zu überzeugen, daß das Leben zu hart, zu qualvoll sei, daß ich es nicht schaffen würde, daß ich nicht noch einmal von vorn anfangen könne. Seine Antwort, die Geschichte, die er mir erzählte, ist genau jene, die ich nun Ihnen erzählen will:

In einem geheimnisvollen, gar nicht so fernen Land und in einer nicht allzu weit zurückliegenden Zeit ging die Rede von einem Mann, den man »Alchimist« nannte. In seiner Gegenwart nahmen die Dinge eine andere Gestalt an. Einige sagten, er könne aus einem einzigen trockenen Hirschknochen einen grünen Wald erschaffen, belebt von rauschendem Wasser, Wind, Sonnenschein, Gras und einer sanften Hirschkuh, die ihr Junges beschnuppert. Er besaß die Gabe, Schmerz, Unglück, Qual – geistige Leere und schlimmste Angst – in Lachen, Heil und Freude zu verwandeln, die so herzlich und doch so tief war, daß sie die Seele voll und ganz überwältigte; und in Hoffnung, das reinste und schönste Geschenk überhaupt.

Er vermochte aus dem unedelsten Metall Gold herzustellen. Eines Tages klopfte ein zorniger junger Mann, der von der magischen Kraft des Alchimisten erfahren hatte, heftig an dessen Tür und verlangte von ihm, das mitgebrachte Erz in Gold zu verwandeln.

»Warum?« fragte der Alchimist.

»Ich brauche Geld, um Rechnungen zu bezahlen. Und jetzt beeil dich!« schnauzte der junge Mann.

Der Alchimist schickte ihn wieder fort.

Der junge Mann kam ein zweites Mal und forderte erneut Gold.

Nach dem Grund seines Ansinnens gefragt, zischte er: »Warum fragst du überhaupt?«

Abermals wurde seine Forderung zurückgewiesen.

Bei seinem dritten Besuch klopfte der junge Mann leiser an die Tür.

»Bitte, schick mich nicht weg«, sagte er. »Ich brauche Gold, um einen Ring zu kaufen, ein Geschenk für meine Geliebte.«

Diesmal wurde ihm der Wunsch gewährt.

Dieses Buch ist mein Goldring für Sie.

Erster Teil

Eins

»Du öffnest ein Herz nicht mit Gewalt«, sagte sie, »sondern vorsichtig und liebevoll, genauso wie die Sonne eine Rose öffnet.«

Neben meinem Computer brennt eine Kerze. Aus dem Radio ertönt der berühmte Kanon von Johann Pachelbel. Ein leichter Schneefall bedeckt die Erde.

Es ist kurz vor Weihnachten.

Ich schreibe an einem kleinen Tisch, der in meinem Schlafzimmer steht. Ich habe die Vorhänge zugezogen, weil der helle Schein von draußen sonst blendet – und weil dadurch eine wohligere Atmosphäre herrscht.

Max, mein Vogel, sitzt vor dem Spiegel auf einem Wäschekorb. Er mag diesen Spiegel. Und er ist gerne in meiner Nähe.

Das Telefon klingelt. Es ist Scotty.

»Wie kommst du mit dem Buch voran?« fragt er.

Diese Frage geht unter die Haut. Denn im Grunde will er wissen: Wie kommst du mit deinem Leben zurecht? Wie steht es um deinen Glauben, deine Hoffnung, dein Vertrauen? Nimmst du am Leben Anteil, rappelst du dich wieder auf, wagst du einen neuen Versuch? Diese einfache und wunderbare Handlung, die darin besteht, den ersten Schritt zu tun.

»Nicht gut«, antwortete ich. »Alles ist ins Stocken geraten.«

Damit meine ich: Mir ist, als habe Gott mich vergessen, als wäre ich wie Sisyphus dazu verurteilt, einen Felsblock einen steilen Berg hinaufzuwälzen, nur damit er dann kurz vor Erreichen des Gipfels wieder hinunterrollt. Ich fühle mich fremd und allein gelassen, und ich habe Angst, betrogen oder verraten zu werden.

Ich verschweige auch, daß ich Gott, die Welt, die große Kraft, Allah und Etah gebeten habe, mir zu zeigen, was ich übersehe, was ich falsch mache.

Ich habe meine Stimme verloren – jene Stimme, die mich zum Schreiben bringt. Ich kann nicht mehr hören, was mein Herz mir mitteilen möchte.

»Ich nehme das Flugzeug«, sagt er, »ich komm' zurück.«

Ich widerspreche ihm eine Zeitlang. Nein, du kannst nicht kommen, ich muß arbeiten. Nein, wir spielen sowieso nur herum. Nein, du lenkst mich zu sehr ab. Schließlich legen wir auf. Früher fühlte ich mich meistens schuldig, wenn ich nein sagte. Jetzt kann ich nichts anderes mehr sagen als: Nein. Nein. Nein.

Ich starre auf den Bildschirm. Ich möchte Scotty sehen. Fast beschämt erkenne ich, daß ich ihn sehen muß. Aber wie kann ich meinen Wünschen noch trauen?

Ich nehme den Telefonhörer ab. »Bitte komm«, sage ich.

An diesem Abend um halb zehn hole ich ihn am Flughafen in Minneapolis ab. Wir küssen uns. Scherzen. Küssen uns erneut.

Als er mich am nächsten Tag fragt, was ich machen möchte, bin ich selbst von meiner Antwort überrascht.

Ich schaue ihn an und sage leise: »Ich möchte meinen Ring zurückhaben. Ich will ihn wieder tragen.« Nach und nach, fast unmerklich, bin ich aufgewacht.

Ich erinnere mich an eine Zeit, die neun Jahre zurückliegt. Seit damals scheint eine Ewigkeit vergangen zu sein. Ich war mit einem anderen Mann verheiratet und schrieb ein Buch darüber, wie man seine innere Kraft geltend macht, fürsorglich mit sich selbst umgeht und das eigene Wesen lieben lernt. Ich ging in mein Arbeitszimmer, ein Kabuff im Keller eines kleinen Reihenhauses, und fing an zu schreiben. Als die Wörter nur so aus mir herausflossen, erhob ich mich vom Tisch, ging nach oben in die Küche, schaute zu meinem Ehemann, mit dem ich zehn Jahre verheiratet war, und gab ihm ganz ruhig zu verstehen: »Es wird Zeit, daß wir uns trennen. Daß wir uns scheiden lassen.«

Er war einverstanden. Die Ehe war schon seit Jahren zerrüttet. Daß wir nun ihr Ende besiegelten, überraschte keinen von uns beiden. Im Grunde hatte jeder schon gewußt, daß es soweit kommen würde. Ich begriff allmählich, daß jener Teil von mir, der mich schreiben läßt und an den ich mich zu halten habe, wenn ich nicht nur Unsinn zu Papier bringen will, erst einmal *von mir* anerkannt und respektiert werden mußte, bevor ich ihn gegenüber der Welt zum Ausdruck bringen konnte.

Schreiben schärft das Bewußtsein.

Allerdings unterscheiden sich jene früheren Lektionen in mancher Hinsicht von den heutigen. Damals gestattete ich mir erst dann, ein Buch über Unabhängigkeit, Freiheit und Selbstachtung zu schreiben, als ich diese Grundsätze in meinem eigenen Leben verwirklicht hatte.

Jetzt liegen die Dinge anders: Ich gestatte mir kein Buch über die Liebe und darüber, wie man sich als lebendigen Teil des beseelten Universums empfindet, wenn ich diese neue Lebensweise nicht auch wirklich praktiziere, die von Vitalität und Magie geprägt sein soll.

Eine Lektion ist freilich die gleiche geblieben: Ich muß meiner inneren Stimme lauschen und vertrauen.

Ein Satz geht mir einfach nicht mehr aus dem Kopf; allerdings kann ich mich nicht mehr daran erinnern, wo ich ihn zum ersten Mal gehört oder gelesen habe. Er lautet: *Die Liebe hält uns nie von unserem Schicksal fern, sondern führt uns mitten hinein.*

Mir ist noch gut jenes Telefongespräch im Gedächtnis, das ich vor einigen Monaten mit Scotty führte. »Hast du das Gefühl, daß du deiner Vergangenheit untreu wirst, wenn du mich liebst?« fragte er.

Ich gab keine Antwort, fing an zu weinen.

»Du brauchst nichts zu sagen«, meinte er. »Wir brauchen darüber auch nicht weiter zu reden. Aber ich mußte es einfach mal aussprechen und loswerden.«

Wie lange habe ich mich wohl schon gegen die Lektion gewehrt, daß ich mich innerlich öffnen muß?

Vielleicht in diesen ganzen drei Monaten, da ich zusammengesunken vorm Computer saß, auf den leeren Bildschirm und den blinkenden Cursor starrte. Und dann fällt mir noch eine andere Wahrheit ein: *Wir haben so viel Zeit, wie wir brauchen.*

Was ist nur aus jener Frau geworden, die ich einmal war – die keinen anderen Menschen brauchte? Vielleicht ist es an der Zeit, jetzt auch sie zu begraben.

Scotty und ich gehen zu dem Geschäft, wo wir vor anderthalb Jahren unsere ersten Ringe aus einfachem Gold gekauft haben, in welche die Worte *Vous et Nul Autre* eingraviert sind. Du und niemand sonst. Ringe mit shakespearischer Poesie.

Goldringe haben in meinem Leben immer wieder eine große Rolle gespielt.

Aber diesmal bekomme ich es plötzlich mit der Angst zu tun. Wir verlassen das Geschäft zweimal ohne die Ringe und schlendern durchs Einkaufszentrum. Kann ich mich wirklich festlegen? Auf ein Buch? Auf einen Menschen? Kann ich mich für das Leben engagieren? Will ich das Risiko eingehen, an den Dingen wieder Anteil zu nehmen? Glaube ich nur noch an den Verlust – oder bin ich bereit, dem Leben zu vertrauen?

An diesem Abend sehen wir uns eine Fernsehsendung mit Joseph Campbell an. Er spricht über Gott, über die Liebe zu Gott. Er sagt, wenn wir uns öffnen, um einen anderen Menschen – sei es der Ehepartner, ein Freund oder ein Kind – zu lieben, dann öffnen wir unser Herz, um Gott zu lieben. Und wenn wir zulassen, daß jemand anders uns liebt, dann öffnen wir unser Herz der Liebe Gottes. Der Vorgang sei jedesmal der gleiche.

Ich komme zu dem Schluß, daß die Liebe nichts für schwache Menschen, sondern den Mutigen vorbehalten ist.

»Ich möchte den Ring tragen«, sage ich leise. »Aber ich weiß weder, was das bedeutet, noch was aus uns wird.«

»Ich auch nicht«, fügt er hinzu. »Aber eines weiß ich sicher: Alles wird gut werden.«

Wir lachen beide. Wir sind dabei, dieser Redewendung einen neuen Sinn zu geben.

Scotty nimmt den Ring aus der rosafarbenen Samtschachtel, küßt ihn und drückt ihn sanft an sein Herz.

Scotty, den ich schon fast seit meiner Kindheit lieb habe. Scotty, der mich in einen alten Saloon in Colorado führte, um mir dort auf dem Fußboden ein Bild zu zeigen – das Gesicht einer Frau, gemalt von einem Mann, der sie so sehr geliebt hatte, daß er die Erinnerung an sie verewigen wollte. Scotty, der mir zeigte, daß auch Männer ein Herz haben, daß sie Liebe schenken können und riskieren, romantisch zu sein.

»Ich möchte, daß du eines nie vergißt«, sagt er, als er den Ring über meinen Finger streift.

Ich lächle und beende seinen Satz: »Nämlich daß du mich über alles und bedingungslos liebst.«

Er holt Luft. Lächelt. Und sagt dann: »Ja.«

29

Wir küssen uns.

Das ist ein genauso feierlicher wie einfacher Liebesbeweis, eine schlichte Geste, die unser Vertrauen in die Zukunft dokumentiert. Ich weiß sehr wohl, daß es keine Garantien gibt – daß dies nicht mehr und nicht weniger ist als ein Augenblick im großen Lauf der Zeit. Ich lächle erneut und denke daran, was mir eine befreundete Lokalreporterin sagte, als ich sie nach ihrer Ehe fragte. Von der ersten Begegnung an war sie bis über beide Ohren in ihren Mann verliebt. Gemeinsam mußten sie dann einige schwierige Belastungsproben bestehen, bis sie schließlich zu einer anderen Form des Zusammenlebens fanden. Inzwischen sind vier Jahre seit ihrer Heirat vergangen.

»Oh, wir hatten auch unsere Probleme«, erzählte sie. »Aber ich glaube, daß wir noch in vierzig Jahren abends nebeneinander im Bett liegen werden, um uns zu zanken, uns aufzuregen und einander leidenschaftlich zu lieben.«

Am nächsten Tag fließen die Wörter langsam wieder aus mir heraus – Sätze, Abschnitte, Kapitel. Ich schaue Scotty an.

»Danke«, sage ich.

»Wofür?« fragt er.

»Einfach nur danke.«

Ich bin bereit, zu schreiben. Das Weltall tanzt und spielt mit mir von neuem. Und ich tanze mit ihm. Mein Herz hat sich aufgetan. Ich kann es hören. Der Zauber ist wieder da.

30

Scotty muß nach Kalifornien fliegen. Am nächsten Morgen öffne ich die Vorhänge im Schlafzimmer, um das Licht hereinzulassen, den Tag. Das Leben.

Ich stehe am Fenster und beobachte den Sonnenaufgang. Nach unseren gemeinsam verbrachten Tagen kommt mir die Wahrheit zu Bewußtsein – langsam zwar, aber genauso strahlend wie die orangefarbene Morgensonne.

Nicht die Worte *Ich mache* verleihen dem Leben einen Sinn oder eine zauberhafte Aura.

Der Zauber liegt in den Worten: *Ich bin*.

Zwei

»Um den Geist Gottes zu erkennen«, sagte sie,
»mußt du auf die Stimme deines Herzens hören.«

Ich gehe nach unten, mache mir eine Tasse Tee und setze mich an den Bibliothekstisch aus Marmor. Wir benutzen ihn jetzt als Eßzimmertisch: eines jener wenigen Überbleibsel aus der Vergangenheit, die immer noch gut in unser Ambiente passen.

Ich blicke mich um. Mein Leben ist nun einfach, ganz anders als vor einem Jahr. An den Wänden hängen neue Bilder – Drucke der großen Meister: Monet, Chagall, van Gogh, Matisse. Und es stehen auch andere Bücher im Regal: Kriminalromane von Chandler und Queen, die Artuslegende, Quantenphysik für den Laien, Arbeiten über seelischen Kummer und das Leben nach dem Tod.

Joey und Nichole sitzen am Tisch und plaudern. Seit der siebten Klasse sind sie einander die besten Freundinnen, in einem größeren Kreis guter Freundinnen.

»Rat mal, was mein Vater gemacht hat«, sagt Joey. »Dieses Jahr hat er außen am Haus Lichterketten aufgehängt. Das war noch nie da!«

Nichole und ich schauen uns an.

»Sag ihm, er soll sie wieder herunternehmen«, sagt Nichole.

»Warum?« fragt Joey.

»Das ist ein schlechtes Omen.«

Nein! Ich möchte am liebsten losschreien. Es waren nicht die Lichterketten. Es war diese mit Wasser und künstlichem Schnee gefüllte Kugel. Sie war das schlechte Omen.

....

Weihnachten 1990. Das schönste Weihnachtsfest, das wir je zusammen verlebt haben. Nichole war damals vierzehn, Shane elf Jahre alt.

Wir drei gingen sehr lieb miteinander um. Im Grunde waren all unsere gemeinsamen Jahre schön gewesen – selbst dann, wenn es nur Trockenmilch oder Käse von der Fürsorge gab oder wenn wir um Mitternacht in den durchgehend geöffneten Lebensmittelladen rannten, damit die Nachbarn nicht sahen, daß wir Essensmarken eintauschten. Meistens wurden wir ja sowieso dabei »ertappt«. Egal, an welcher Kasse ich anstand – hinter mir bildete sich eine Schlange von Leuten, die zuschauten, wie der Kassierer an den Marken herumfummelte und sich beschwerte, daß sie zusammengeklebt waren.

Aber das spielte keine Rolle. Hauptsache, wir bekamen, was wir brauchten. Und wir hatten ja *uns*.

Dieses Jahr bestand Anlaß zum Feiern. Denn schließlich hatten wir davor einen steilen Berg hochklettern müssen, um die Armut genauso hinter uns zu lassen wie ein kaputtes Familienleben, und waren nun auf dem Gipfel angelangt. Allmählich trug meine Schriftstellerei Früchte. Von der Lokalzeitung, der ich meine Geschichten für fünfundzwanzig Dollar angeboten hatte, war ich auf die Bestsellerliste der *New York Times* »hochgeschnellt«. Die Leute sprachen von einem »Blitzerfolg«, aber dem war nicht so. Seit 1979 hatte ich mich mit meinen Texten herumgeplagt und all jene Mißerfolge und Enttäuschungen erlebt, die mit dem Aufbau einer jeden beruflichen Existenz einhergehen.

Bis Juni dieses Jahres hatte ich kurz nacheinander zwei Bücher beendet. Dann hörte ich auf zu arbeiten und teilte dem Verlag mit, daß ich keine Werbetour machen könne. Ich war großen Belastungen ausgesetzt, führte ein einsames Leben. Ich fühlte mich erschöpft. Ich vermißte die Kinder, und sie vermißten mich. Zwar machten wir uns Mut und beglückwünschten uns ab und zu, aber es war Zeit, wieder wirklich zusammenzusein.

Und so fuhren wir dann in der zweiten Hälfte des Jahres quer durchs ganze Land. Saßen im Kino. Schauten fern. Gingen angeln.

Als die Weihnachtsferien näherrückten, war ich entschlossen, mich aufs Wesentliche zu besinnen. Die Jahreszeit verbreitete eine bittersüße Stimmung. Mir wurde klar, daß ich bald wieder zur Arbeit zurückkehren mußte. Und als ich sah, wie die Jahre vergingen und die Kinder immer größer wurden, verblaßte allmählich auch mein Traum vom ganz normalen Familienleben.

Ja, ich fühlte mich verlassen, eben so, wie eine Frau sich irgendwann fühlt, wenn sie die Kinder allein erziehen muß. Und ängstlich. Vielleicht sogar verzweifelt.

Das ganze Jahr über hatte ein quälendes Gefühl mir keine Ruhe mehr gelassen. An meinem zweiundvierzigsten Geburtstag traf es mich wie ein Blitz aus heiterem Himmel, daß ich nicht ewig leben würde. Ich dachte: Wenn die meisten Leute achtzig Jahre alt werden, dann ist nun die zweite Hälfte meines Lebens angebrochen. Aber wohin war die erste entschwunden? Vergeht die Zeit nicht wie im Fluge, wenn man Spaß hat, hart arbeitet – oder die wichtigen Lektionen des Lebens lernt?

Ich fing an, Vitamintabletten zu nehmen. Trank keinen Kaffee mehr. Ging bewußter mit meiner Gesundheit um.

Kürzlich spazierte Nichole in die Küche, während ich gerade Kaffee kochte (denn inzwischen trinke ich ihn wieder). »Endlich habe ich herausgefunden, was dir fehlt«, verkündete sie. »Du bist in einer Midlifecrisis. Deshalb hast du all diese seltsamen Sachen gemacht. Aber in ein paar Jahren wirst du drüber weg sein und zur Ruhe kommen«, versicherte sie mir. »Das haben wir im Gesundheitsunterricht gelernt.«

Mehr als die Worte Nicholes berührte mich die Tatsache, daß offensichtlich etwas nicht stimmte. Ich war dabei, mich mit der Unausweichlichkeit des Todes auseinanderzusetzen – oder vor ihm die Augen zu verschließen.

37

Eines Abends versetzte mich diese Vorstellung erneut in Aufruhr. Shane und ich saßen im Kino. Dorthin gingen wir oft. Zurückgelehnt im Sessel verfolgte ich das Geschehen auf der Leinwand und spürte deutlich Shanes jungenhafte Energie neben mir. Er hatte seine Füße auf die Lehne des Vordersitzes gelegt. Ich überlegte, ob ich ihn deshalb ermahnen sollte, beschloß dann aber, mich nicht weiter darum zu kümmern. Da saß ja niemand. Manche Dinge sind es nicht wert, daß man zuviel Aufhebens von ihnen macht.

Ich versuchte mich auf den Film zu konzentrieren, aber ein schockierender Gedanke schoß mir durch den Kopf: All das wird nicht von Dauer sein. Die Zeit vergeht rasend schnell. Meine Kinder sind schon so lange der Mittelpunkt meines Lebens, aber eines Tages werden sie ausziehen und ihren eigenen Weg gehen. *Ich* werde irgendwann nicht mehr da sein. Und auch dieser Abend, an dem wir hier im Kino sitzen, wird nur noch in der Erinnerung fortleben.

Sorge dafür, daß jeder Augenblick zählt.

Vielleicht war ich deshalb so darauf bedacht, daß dieses Weihnachtsfest unser schönstes werden sollte.

Wir hängten Lichterketten an die Hausfassade. Shane hatte das schon seit Jahren machen wollen. Jedesmal hatte ich nein gesagt. Es erschien mir zu aufwendig, zu kompliziert. Dieses Jahr aber hatte ich genug Geld, also nahm ich mir auch die Zeit dafür. Außerdem kauften wir eine Krippe mit Hirten, Engeln und allem, was dazugehörte, und bauten sie im Vorgarten auf – ebenfalls etwas, das Shane sich immer gewünscht hatte. Wir fuhren durch Minneapolis und St. Paul und fanden die richtigen »Versatzstücke«: Maria, Josef, das Jesuskind, drei Weise aus dem Morgenland, die alle genau unseren Vorstellungen entsprachen. Darüber hinaus entdeckten wir einige Engel, einen kleinen Stall und ein wenig Heu, das den Boden bedecken sollte.

Eben weil wir uns sehr lieb hatten, waren all unsere bisherigen Weihnachtsfeste harmonisch verlaufen. Auch dann, wenn Zettel mit unseren Namen am Tannenbaum im Einkaufszentrum hingen, damit die Leute uns kleine Geschenke machten. Aber dieses Jahr waren wir besser dran. Jetzt leisteten wir unseren Beitrag. Wir zahlten an die Fürsorge zurück, was sie uns hatte zukommen lassen. Wir nahmen Zettel vom Baum und kauften Geschenke für andere Menschen.

Echo und ich spielten in diesem Jahr Weihnachtsmann. Seit fast zwanzig Jahren ist sie meine beste Freundin. Sie war im Kreißsaal bei mir gewesen, hatte meine Hand gehalten und mich auf die Geburt meiner beiden Kinder vorbereitet. Dieses Jahr kamen wir zu dem Schluß, daß wir etwas unternehmen müßten, um uns in die rechte Festtagsstimmung zu bringen. Wir standen früh auf und trafen uns in unserem Lieblingsrestaurant, um Pfannkuchen zu essen. Wir stellten Listen zusammen und versuchten, uns für jede Person das perfekte Geschenk auszudenken.

Eine Spieldose, aus der »Für Elise« erklingt. Ein

Geldpräsent. Ein geschmückter Weihnachtsbaum, den eine Elfe krönt. Spielzeug für den Weihnachtsmann, der zu uns kommt. Und einen ausgestopften Affen in Menschengröße.

Der Gorilla war für meinen besten Freund, Louie, bestimmt. In all den Jahren, seit ich ihn kenne, witzelte er über einen Affen in Las Vegas, der sprechen konnte. Louie meinte, er könne »Ma-Ma« sagen. Das nahm ich ihm nicht ab. Aber ich wollte ihm den Gorilla schenken.

In letzter Minute begleitete ich Shane und seine Klassenkameraden auf einer Exkursion. Er hatte mich tags zuvor darum gebeten und gesagt, ich sei schon lange nicht mehr bei solchen Fahrten dabeigewesen. Seine Stimme hatte diesen bestimmten Ton, diesen »Ich-meine-es-ernst«-Ton.

Also fuhr ich in einem Bus voller Sechstkläßler ins naturwissenschaftliche Museum. Dort wanderten wir dann umher, sahen, wie der Wind entsteht, betrachteten Dinosaurierknochen und schauten uns im Auditorium einen Film über den Weltraum an. Auf dem Nachhauseweg wehte und wirbelte der Schnee fast orkanartig. Shane saß auf der anderen Seite des Gangs. Er blickte mich an und blinzelte. Ich blinzelte zurück, weil ich wußte, was er meinte. Wir redeten oft miteinander, ohne ein Wort zu wechseln. Manchmal konnte ich ihn sogar nach Hause rufen, ohne mit ihm zu sprechen. So nah waren wir uns. Wie auf Stichwort fingen wir beide an zu singen: »Jingle Bells, Jingle Bells ...«

Dann fielen auch die anderen Kinder in unser Lied ein, bis der Lehrer uns aufforderte, endlich ruhig zu sein.

Außerdem fand ich zu dieser Weihnacht den passenden Baum. »Zauberbaum« nannte ich ihn. Als Echo und ich in der Woche vor dem Fest durch ein Geschäft schlenderten, fiel er mir sofort auf. Von den Nadeln und von den Farben der Kugeln ging ein genauso sanfter Schimmer aus wie von den rosafarbenen Lichtern. Jemand hatte ihn mit Perlenschnüren, Kristallen, Herzen und lebensgroßen, weißgefiederten Vögeln geschmückt. Um den Stamm pochte und pfiff eine Spielzeuglokomotive, die ihre Waggons hinter sich herzog. Das alles war so nett, daß ich atemlos dastand und schaute.

»Warum kaufst du ihn nicht?« fragte Echo.

»Nein«, erwiderte ich. »Er ist nicht echt. Die Kinder mögen so etwas nicht. Abgesehen davon ist er zu teuer.«

Am nächsten Tag fuhr ich nochmals zu dem Geschäft.

»Ich nehme diesen Baum«, sagte ich zum Verkäufer. »Und alles, was dazugehört.«

An diesem Abend blieb ich lange auf. Als alle Gegenstände am richtigen Platz waren, schaltete ich die Lichter ein und rief die Kinder. Der Zug bewegte sich mit klopfendem Geräusch um den Baum, auf dessen Spitze ein Engel saß.

»Nicht schlecht, wenn man bedenkt, daß es ein künstlicher Baum ist«, sagte Shane.

»Er ist schön, Mami. Wirklich schön«, versicherte Nichole.

Wie im Geschäft war ich auch jetzt wieder völlig sprachlos.

An diesem Weihnachtsfest schwebte über allen Dingen ein Zauber. Wir drei konnten ihn fühlen, auch wenn wir nicht wußten, woher er kam oder was er bedeutete. Aber er war da. Wie in der Kindheit, wenn man fest daran glaubt, daß jede Weihnacht so sein wird.

Nur die Schneekugel fiel aus dem Rahmen.

An jenem Tag, als einige von Nicholes Freundinnen bei uns waren und Weihnachtsplätzchen backten, kam Joey vorbei, um uns ihre Geschenke zu bringen. Diese seien »für die ganze Familie« gedacht, sagte sie.

»Tut mir leid«, meinte sie, mir eine kleine Packung überreichend. »Das andere Geschenk, das für dich bestimmt war, hat der Hund verspeist. Norwegisches Knäckebrot. Es lag bei uns auf dem Tisch.«

Ich öffnete die Schachtel und nahm eine Schneekugel heraus. Darin sah man eine Familie: eine Mutter mit ihren kleinen Kindern, Mädchen und Junge; die drei standen im Schnee und sangen Weihnachtslieder.

Shane drehte die Kugel um, schüttelte sie, stellte sie dann auf den Tisch und beobachtete, wie der Schnee langsam herabsank.

»Jetzt bin ich an der Reihe«, sagte Nichole.

Im nächsten Moment zerplatzte die Kugel auf dem Boden.

Wir beseitigten die Splitter und wischten das Wasser auf. Niemand war verletzt worden, aber irgendwie hatte ich wegen dieser Sache ein ungutes Gefühl. Ich versuchte es abzuschütteln.

Am Weihnachtsabend besuchten wir die Mitternachtsmesse. Bei »Stille Nacht, heilige Nacht« weinte ich genauso wie in den Jahren zuvor. Am Ende des Gottesdienstes legte ich meine Arme um meine Kinder und zog sie an mich. Ich fühlte mich selig. Mir schien, daß unser Leben nun endlich eine positive Richtung nahm und daß Gott auf unserer Seite war.

Es sah so aus, als hätte sich all die Mühe gelohnt.

Dieses Jahr und diese Weihnacht waren das Schönste, was wir bisher zusammen erlebt hatten. Natürlich fehlte noch das eine oder andere, aber zum überwiegenden Teil war alles so, wie es sein sollte. Ich ahnte, daß wir in jedem Augenblick *alles* besitzen, selbst wenn wir meinen, es sei nicht so; aber mir war diese Wahrheit noch nicht wirklich bewußt. Wir gingen aus der Kirche in die kalte, sternklare Nacht: eine Mutter mit ihren beiden Kindern auf dem Weg in eine Zukunft, die schon vorherbestimmt war.

Drei

»Ich weiß nicht, was mich als nächstes erwartet«, sagte ich zu meiner Freundin. »Ich weiß nicht, was meine Zukunft für mich bereithält.«
»Keine Sorge«, sagte sie, »deine Seele weiß es.«

»Rat mal, was wir heute in der Schule gemacht haben«, sagt Nichole.

»Was denn?« frage ich.

»Wir mußten unser Traumhaus beschreiben. Alle anderen wünschten sich eine große, teure Villa. Dann erzählte ich ihnen, was ich mir darunter vorstelle – nämlich ein kleines gelbes Häuschen auf den Jungferninseln.«

Seltsam, wie sich unsere Träume mit der Zeit ändern.

....

Es war Januar 1991. Alles sah ganz erfreulich aus. Den Kindern ging es gut, obwohl Shane offenbar ein wenig in sich gekehrt war. Wir hatten vor, in ein anderes Haus umzuziehen, in unser Traumhaus, falls es mir gelänge, den Kaufvertrag zu unseren Gunsten auszuhandeln. Aber plötzlich brach ich in Tränen aus und war untröstlich. Es gab keine Erklärung für meinen Kummer, keinen ersichtlichen Grund. Deshalb begriff ich auch nicht, was mit mir vorging. Ich gehöre nicht zu jenen Frauen, die ständig weinen. Bei mir kam das nicht oft vor. Eigentlich fast gar nicht. Dazu war einfach nie Zeit gewesen.

Träume sterben eben nur langsam.

Mein Traum von der Ehe war eines langsamen, immer wieder hinausgezögerten, schweren Todes gestorben.

Daß man mich nicht falsch versteht: Wir waren füreinander bestimmt – aber unsere Verbindung sollte eben nicht ein ganzes Leben lang halten. Die Ehe bescherte mir nicht jene Freude, Glückseligkeit und Erfüllung, die ich erhofft hatte. Statt dessen machte sie aus mir einen gefühllosen, ängstlichen und wütenden Menschen, der fast schon verbittert war. Ich tat wirklich mein Bestes, indem ich mir anfangs auf die Zunge biß und später dann versuchte, unser Zusammenleben durch Herumnörgeln so zu gestalten, wie es meiner Meinung nach hätte sein sollen.

Aber weder das eine noch das andere nutzte irgend etwas.

In jener Zeit wußte ich kaum, was es heißt, eine Frau zu sein, ein eigenständiges Individuum. Ich hatte einfach Angst, aber nicht einmal das war mir bewußt.

Dann, mitten in der Nacht, wurde ich meiner Seele gewahr. Das geschah ganz plötzlich, aber ich war nicht im Bett, sondern oben an der Decke und schaute herab.

Ich beobachtete eine Frau, die auf dem Bett lag. Dann erkannte ich, daß *ich* diese Frau war. Ich dachte: Ich sehe ganz anders aus als sonst, wenn ich mich im Spiegel betrachte. Unmittelbar darauf war ich wieder in meinem Körper. Einige mögen darüber spotten und das Ganze als Traum bezeichnen. Aber ich kenne sehr wohl den Unterschied zwischen Träumen und Wachen. Damals verstand ich nicht, was dieses Erlebnis bedeuten sollte, jetzt aber schon. Ich bin nicht nur Körper. Ich habe auch eine Seele. Das wurde mir mit Ende Zwanzig allmählich klar.

Einen Großteil meines Lebens hatte ich außerhalb meines Körpers verbracht, aber anders als in jener Nacht. Ich hatte gelernt, mich selbst nicht weiter zu beachten. Ja, ich hatte mich aufgegeben – wie man es eben tut in der Meinung, daß weder die eigene Persönlichkeit noch die tiefsten Gefühle und Wünsche »richtig« seien.

Meine Kindheit kam mir lang und einsam vor. Der erste Mann meiner Mutter war früh gestorben, und so mußte sie sich und ihre Kinder – meine beiden Halbschwestern und meinen Halbbruder – allein durchbringen. Das alles spielte sich in den vierziger Jahren ab, als es für eine Frau noch schwieriger war, auf sich selbst gestellt zu sein und eigene Wege zu gehen. Dann tauchte mein Vater auf, zeugte mich und verschwand einige Jahre später.

Danach brach die Familie auseinander. Mein Bruder und meine Schwester zogen von zu Hause aus. Mama war sehr beschäftigt. Also saß ich alleine da, niedergeschlagen und wie betäubt, und fragte mich, wohin all diese Menschen nur gegangen waren.

Eines Tages, ich war gerade zwölf, fühlte ich mich derart verletzt und wütend, daß ich Gott sagte, er solle ebenfalls abhauen. Es war ein Sonntagmorgen, und ich ging die Straße hinunter. Mama hatte mich in die Kirche geschickt. Ich blickte zum Himmel auf und sagte: »Wenn du wirklich da bist, Gott, dann um so schlimmer, denn das heißt, daß du mich nicht lieb hast. Deshalb werde ich von heute an auf eigene Faust weitermachen.«

Jeder sprach davon, daß Gott die Liebe selbst sei, aber mir kam das alles wirklich nicht wie Liebe vor.

Ich erinnere mich noch an den Tag, als Papa mich ins Schlafzimmer rief, um mir zu sagen, daß er weggehen würde. Das waren seine einzigen Worte: »Ich gehe weg.« Und das tat er dann auch. Ich war drei Jahre alt, aber diese Situation habe ich nicht vergessen. Auch erinnere ich mich daran, wie sehr sein Atem nach Bier roch. Dieser Geruch schien unauflöslich mit ihm verbunden zu sein.

Er spielte Klavier und trat mit einer Jazzband in New Orleans auf. Mama sagte, meine Musikalität hätte ich von ihm geerbt.

Papa wollte oft, daß ich für ihn tanze. Er nahm mich mit in die Clubs, setzte sich ans Klavier und fing an zu spielen, während ich auf dem Instrument tanzte. Es dauerte lange, bis ich endlich begriff, daß ich nicht für Männer tanzen mußte, wenn ich keine Lust dazu hatte. Und es dauerte noch länger, bis ich den nach Bier und Whiskey riechenden Atem eines Mannes nicht mehr mit Liebe gleichsetzte.

Der Mann, den ich heiratete, hatte nämlich diesen Atem, der nach Alkohol roch. Er roch wie Papa.

Die Leidenschaft in unserer Ehe währte lange genug, um zwei Kinder zu zeugen. Nichole wurde einen Monat vor unserem ersten Hochzeitstag geboren. Sie war wunderbar, ganz offen, in bester geistiger und körperlicher Verfassung.

Zwei Jahre und zwei Monate später kam Shane zur Welt. Als ich mit ihm schwanger war, fühlte ich mich deprimiert, kraftlos, entmutigt – und so fehlte mir all das, was Menschen brauchen, um weitermachen zu können.

Wir wohnten damals in einem gelben, alten, heruntergekommenen Haus. Es war klein, und die Wände waren voller Löcher, durch die man direkt ins Freie schauen konnte. Die Tapete löste sich ab, und der orangefarbene Teppich hatte überall dunkle Flecken. Erst als Shane unterwegs war, verspürte ich den Impuls, an dieser Situation etwas zu ändern. Plötzlich wollte ich das Haus wieder instand setzen. Ich machte günstige Gelegenheiten ausfindig, trieb Geld auf und lernte, Dinge zu tun, die ich vorher noch nie getan hatte: Löcher zuzugipsen, Fußböden abzuschleifen, zu tapezieren.

Ich war froh, am Leben zu sein – und bedankte mich bei Gott allmählich für alles, auch für die schmerzlichen Erlebnisse. Inzwischen war mir klargeworden, daß er tatsächlich existierte. Ich hatte das Gespräch mit ihm schon seit längerer Zeit wiederaufgenommen, sogar noch bevor ich meinem späteren Mann begegnete. Durch die Beziehung zu Gott wurde vieles leichter. Aber meine Dankbarkeit bescherte mir eine noch größere Erleichterung.

Ich richtete das Haus schön her – wie eine Frau es eben tut, wenn sie sich so etwas richtig vornimmt. Bald erschien mir dieses alte, gelbe Haus als das schönste im ganzen Block.

Dort fiel mir auch ein Traum wieder ein. Merkwürdig, wie leicht man Träume vergessen kann, wie tief sie manchmal unter den verschiedenen Schichten des Lebens begraben werden. Als ich jung war, hatte ich einen ganz bestimmten Traum: Ich wollte Schriftstellerin werden. Schon in der sechsten Klasse wußte ich, daß das mein Ziel war. Mehr als nach allem anderen sehnte ich mich danach, für eine Zeitung Geschichten zu schreiben.

An diesem Traum hielt ich fest, bis ich auf die High School kam. Dort vergaß ich all meine Träume. Aber der Traum vom Schreiben tauchte wieder auf. Als ich einmal eine kleine Kammer neben meinem Schlafzimmer strich, erinnerte ich mich an ihn. Er stieg in meinem Innern empor wie die klare Morgensonne und verharrte dann auf der Stelle – als sollte ich ihn nun endlich wahrnehmen.

Ich blickte zur Decke und sagte: »Gott, wenn Du willst, daß ich Schriftstellerin werde, dann mußt Du mir das irgendwie kundtun.«

Noch bevor der nächste Tag zu Ende ging, hatte ich meinen ersten Job als Journalistin: Ich sollte für eine Lokalzeitung Artikel schreiben.

Für meinen ersten Beitrag bekam ich fünf Dollar. Das Honorar war wichtig, denn es gab mir das Gefühl von Professionalität. Aber wie groß war die Aufregung erst, als ich meinen Namen auf der Titelseite der Zeitung sah. In jener Nacht schlief ich mit der Zeitung im Arm ein. Und um das Ganze noch abzurunden, schrieb jemand einen Leserbrief, in dem hervorgehoben wurde, welch gute Arbeit ich geleistet hatte.

Noch wußte ich nichts über die allgegenwärtige Liebe. Vielmehr dachte ich, es sei alles nur Zufall.

Ich brachte das kleine gelbe Haus auf Hochglanz. Schlug eine berufliche Laufbahn ein, die mir zusagte. Und am 30. Januar 1979 kam Shane Anthony Beattie auf diese Welt. Vor seiner Geburt war ich etwas besorgt, ob ich ihn genausosehr lieben würde, wie ich Nichole liebte. Aber diese Sorge war völlig überflüssig. Ich liebte beide über alles.

In Shanes erstem Lebensjahr war ich nur damit beschäftigt, ihn zu halten – ihn einfach ganz nah bei mir zu haben. Ich wußte, daß er mein letztes Kind sein würde. Ich wollte jeden Augenblick mit ihm auskosten. Obwohl ich noch jung war, wußte ich doch, wie schnell die Zeit vergeht.

Nichole begegnete ihrem Bruder zunächst mit einigen Vorbehalten. Einmal war ich gerade beim Staubsaugen, als sie an meiner Bluse zerrte.

»Mami«, sagte sie, »das Baby schreit.«

»Was ist los?« fragte ich.

»Ich habe ihn gezwickt«, antwortete sie.

Trotzdem haben wir alles irgendwie hingekriegt. Wir drei haben immer einen Weg gefunden, unsere

Probleme zu lösen. Ich blieb zehn Jahre bei meinem Mann, obwohl unsere Ehe und die Vorstellungen, die ich mir von ihr gemacht hatte, längst zerstört waren. Jahrelang bemühte ich mich darum, zu verstehen, was es eigentlich bedeutet, sich selbst zu lieben, ein eigenes Innenleben zu haben und sich seiner selbst allmählich bewußt zu werden.

In der gleichen Zeit ging es beruflich aufwärts. 1985 beauftragte mich ein Verlag, ein Buch darüber zu schreiben, wie ich mich selbst lieben gelernt hatte. Kurz nach Vertragsabschluß ließ ich mich scheiden. Ich konnte den Leuten nicht sagen, daß sie ihre tiefen Gefühle und seelischen Regungen anerkennen sollten, wenn ich selbst nicht das gleiche tat.

Nach und nach wurde mir klar, daß ich nicht schrieb, um andere zu belehren, sondern um mir selbst etwas beizubringen. Und im Grunde gab es zwischen beidem keinen Unterschied.

Als wir die Scheidung einreichten, sagte ich es ihm. Ich sagte laut und deutlich: Ich behalte die Kinder. Du kannst sie besuchen. Sie anrufen. Sie können mit dir zusammensein, denn du bist ihr Vater. Egal, was geschehen wird – du wirst immer ihr Vater sein. Aber die Kinder kommen zu mir. Und versuch ja nie, sie mir wegzunehmen.

Er sagte, das würde er nicht tun.

Schon einmal, als ich noch jünger war, hatte ich ein Kind, einen Jungen, nicht gewollt und zur Adoption freigegeben. Das war in jenen dunklen Jahren, da ich nicht mit Gott sprach. So etwas sollte nicht wieder passieren; ich wollte kein weiteres Kind verlieren.

Ich sagte dem Richter: Über die Versorgung der Kinder brauchen Sie sich keine Gedanken zu machen. Ich werde mit allem schon fertig. Geben Sie mir meine Kinder, und ich werde mich bestens um sie kümmern – auch ohne Vater.

Und das tat ich dann auch.

Aber es brach mir das Herz, daß der Traum vom normalen Familienleben endgültig vorbei war. Auch Shane litt sehr unter der Trennung. Fast ein Jahr lang zog er sich zurück und wurde ganz still. Ich sprach mit ihm, so oft ich nur konnte, und versuchte, ihm zu helfen, aber er machte die ganze Sache mit sich selbst aus. Er allein wußte, was da in ihm vorging.

Irgendwann fing er sich plötzlich wieder. Es schien, als wäre seine Seele von einem Augenblick zum andern geheilt worden.

Nach dem Auszug seines Vaters hatte ich ganz offen mit ihm geredet: »Nur weil dein Vater jetzt weg ist, bist du nicht der Mann im Haus. Du brauchst nichts anderes zu tun, als Kind zu sein. Verstehst du das?«

Er sagte ja. Dennoch hatte er das Gefühl, die Familie beschützen zu müssen – so, wie Männer es nun einmal tun.

Träume sterben wohl nur langsam, aber zugleich tauchen neue auf. Mit der Zeit wurden wir innerlich gesund. Als die achtziger Jahre zu Ende gingen, fanden wir uns neu zusammen. Unser Leben nahm eine andere Richtung. Wir begriffen allmählich, daß wir drei eine richtige Familie bildeten.

Manchmal machte ich mir Sorgen, weil Shane keine männliche Bezugsperson um sich hatte. Aber er besaß einen sehr guten Freund, John. Und in diesem Jahr war auch sein Vater wieder in die Stadt gezogen. Beide waren froh, daß sie sich nun öfter sehen konnten. Er liebte seinen Vater. Zwar mochte er auch Nicholes Freundinnen, die sich als »Wir-halten-zusammen-Clique« bezeichneten, doch Ray war er ganz besonders zugetan.

Sie traten fast unmerklich in unser Leben, die jungen Leute von der »Wir-halten-zusammen-Clique«; plötzlich tauchten sie auf, wie Menschen eben, die man vorher noch nie gesehen hat. Dann klebten sie aneinander wie Mücken auf dem Fliegenfänger. Jedesmal, wenn ich mich im Haus umschaute, war mindestens eines der Mädchen da. Seit der Junior High School waren sie miteinander befreundet. Den Namen der Clique hatte Nichole von einem Zeichentrickfilm entlehnt, der immer samstags morgens im Fernsehen läuft. Sie meinte, er würde gut passen, weil sie immer zusammenhalten und einander helfen, die anstehenden Probleme zu lösen.

Da war zum Beispiel die blonde Joey, die mit hoher Stimme kicherte. Jeden Abend nach dem Unterricht saß sie mit Nichole am Küchentisch, rechnete an algebraischen Aufgaben herum, strich wieder durch und lachte dabei so laut, daß ich sie oft zur Ruhe ermahnte.

Sie erzählte mir vieles, fragte sich immer wieder, wann sie wohl ihrer großen Liebe begegnen würde. Ich sagte ihr, was ich auch mir selbst sagte: »Irgendwann kommt der Richtige, mein Schatz. Aber erst, wenn die Zeit reif dafür ist.«

Ingrid war zurückhaltend und sehr empfindsam – aber diese Schüchternheit konnte nicht verbergen, daß ihre Augen intensiv leuchteten.

Hochgewachsen, schön und freimütig – das war Carmen. Sie spielte Klavier, sang und buk gerne Kuchen. Wann immer es im Haus nach Karamelplätzchen roch, wußte ich, daß Carmen da war.

Dann tauchte Ray auf. Er war klein, aber gelenkig – der geborene Sportler und der einzige Junge in der Clique. Anfangs schenkte ich ihm nicht viel Beachtung, weil mir die Vorstellung, daß ständig irgendwelche Jungs hier herumhingen, nicht sonderlich behagte. Aber eines Tages stellte er sich mir in den Weg.

»Mrs. Beattie«, sagte er, »wir müssen miteinander reden. Ich hab' das Gefühl, daß Sie mich nicht besonders mögen; deshalb sollten wir uns mal zusammensetzen, um die ganze Sache zu bereinigen.«

Das taten wir dann auch.

Ray war lebhaft und energisch. Er sagte, er wolle nur zwei Dinge: nämlich der beste Footballspieler werden, den die Ponies, sein High-School-Team, je hatten; und er wolle irgendwann aufs College – obwohl ihm noch nicht klar sei, wie er das dafür nötige Geld auftreiben solle.

Es dauerte nicht lange, und er nannte mich Mama, seine zweite Mama.

Für Shane war nun – neben seinem Vater – Ray die männliche Hauptfigur. Ray zeigte ihm so manches, half ihm, gewisse Dinge zu lernen. Das machte Ray nichts aus. Er hatte es gern, wenn man ihn respektierte. Er mochte Shane. Die meisten Menschen mochten ihn. Oh, er konnte extrem schnell, extrem direkt sein, daran besteht kein Zweifel. Aber er hatte etwas, das einen sofort für ihn einnahm.

Shane besaß die natürliche Gabe, wirklich Kind zu sein. In der überspannten Art einer Erwachsenen bat ich ihn einmal, mir zu zeigen, wie das geht. Zeig mir, wie man Kind ist, sagte ich zu ihm. Wir gingen gerade am Fluß spazieren. Er schaute mich an, grinste, stieß mich ins Wasser und sprang dann hinterher.

»Genau so!« rief er. »Man springt einfach hinein!«

Es war auch Shanes Idee, zu den Jungferninseln zu reisen. Er brachte die ganze Sache in Gang. In unserer Familie hat er viele Aktionen gestartet. Eines Tages kuschelte er sich an mich und deutete auf eine doppelseitige Anzeige über die Jungferninseln, die in einer Ausgabe von *Reader's Digest* abgedruckt war.

»Können wir da hinfahren, Mami?« fragte er.

Für Shane war ich ganz besonders empfänglich, schon seit seiner Geburt. Manchmal schickte Nichole ihn vor, damit er für sie die Arbeit an der »Front« erledigte – so, wie Kinder das eben tun.

»Klar, mein Kleiner«, antwortete ich. »Da können wir hinfahren.«

Im Sommer 1990 fuhren wir tatsächlich zu den Jungferninseln und mieteten eine Villa auf St. Thomas, direkt am Meer. Gleich nach der Ankunft ließen wir den Flughafen hinter uns und fuhren mit einem Auto eine Landstraße lang, bis wir schließlich vor einer Art Hütte anhielten, über deren Tür ein Transparent mit der Aufschrift *The Place* angebracht war.

Mein erster Eindruck war nicht gerade überwältigend. Das Haus wirkte klein und nicht gerade ansprechend. Aber dann stiegen wir eine Wendeltreppe hinunter und standen plötzlich inmitten eines tropischen Innenhofs mit Palmen, orange- und rosafarbenen Hibiskusblüten, einem beleuchteten Springbrunnen, in dem Kaulquappen schwammen, einem Swimmingpool und einem Leguan.

Die Zimmer lagen um den Hof herum. Hinten führte eine lange Treppe zu einem Privatstrand mit Anlegestelle und Aussichtspunkt, vor dem sich die weite Karibische See ausbreitete.

Es war schon spät am Abend, aber ich hatte keinen Zweifel daran, daß das Wasser genauso türkis glänzte wie in der Anzeige.

An diesem Ort waren wir in einer Stimmung, wie wir sie bisher noch nie empfunden hatten. Wir ließen alles ganz langsam angehen, genossen die tropische Wärme und entspannten uns. Die Reise und dieses Ferienhaus gaben mir den Anstoß zum Entschluß, umzuziehen. Wir wollten ein Haus unserer Träume kaufen.

Ende 1990 konkretisierte sich diese Vorstellung. Im Dezember entdeckte ich das Haus, war aber zunächst noch etwas zögerlich. Ich schüttelte den Kopf und sagte nein; es schien mir zu groß, zu teuer.

Bis in den Januar hinein dachte ich über das Haus nach. Als ich meine anfängliche Angst überwunden hatte, wurde mir bewußt, daß es genau unseren Wünschen entsprach. Es gab genügend Zimmer, so daß die Kinder ein eigenes Stockwerk bewohnen konnten, während meine Arbeitsräume und mein Schlafzimmer auf einer anderen Etage lagen. Außerdem war da ein Garten, der reichlich Platz für einen Swimmingpool bot, dessentwegen Shane und Nichole mir keine Ruhe mehr ließen. Auch den Billardtisch, den Shane unbedingt haben wollte, konnte man unterbringen. Und schließlich würde er ein Schlafzimmer bekommen, das genauso groß war wie das seiner Schwester.

Wir würden also von unserem Haus in Stillwater nach Minneapolis umziehen. Ich hatte Skrupel, den Alltag der Kinder durcheinanderzubringen. Andererseits kostete es mich so viel Zeit, ständig mit dem Auto hin und her zu fahren, daß ich zu der Überzeugung kam, ein Wohnortwechsel wäre wohl doch für uns alle das Beste.

Ich wußte, daß es Zeit war, unsere Zelte anderswo aufzuschlagen. Ich fühlte es. Und dieses Gefühl ließ mich nicht mehr los.

Die Zeit verging wie im Fluge. In vier Jahren würde Nichole ausziehen, um aufs College zu gehen. Und dieses neue Haus wäre der ideale Ort, um die letzten Jahre unseres Zusammenlebens gebührend zu feiern.

Die Kinder sahen sich das Haus an und mochten es. Ich nahm die Verhandlungen auf, verlor aber kaum ein Wort darüber. Ich wollte ihnen keine allzu große Hoffnungen machen, solange ich den Vertrag nicht in der Tasche hatte.

Am 30. Januar war Shanes zwölfter Geburtstag. Zu solchen Anlässen hatten die Kinder und ich ein bestimmtes Ritual entwickelt. Am Vorabend dieses Tages durfte nämlich das Geburtstagskind darüber entscheiden, wo das Festessen stattfinden sollte – ob zu Hause die Lieblingsspeise gekocht oder das Lieblingsrestaurant besucht werden sollte. Die Kinder hatten mit der Zeit herausgefunden, daß es klüger war, sich aufs Restaurant festzulegen. Durch die doppelte Belastung – einerseits die Kinder ohne Vater großzuziehen, andererseits die berufliche Karriere weiterzuverfolgen – waren meine Kochkünste in den Hintergrund getreten. Als ich Nichole einmal wegen ihrer Tischmanieren zurechtwies, fragte ich sie, was ihr über gutes Benehmen beigebracht worden sei. »Ich habe folgendes gelernt«, antwortete sie. »Wenn du fertig bist mit Essen, schmeißt du das ganze Verpackungszeug einfach weg.«

Shane hatte sich dieses Jahr gewünscht, seinen Geburtstag im *Red Lobster* zu feiern. Er brachte seinen besten Freund, John, mit. Nichole hatte Joey eingeladen. Shane bestellte Krabben. Mit zwölf Jahren (und sogar schon vorher) war es ihm ein großes Vergnügen, einen ganzen Teller voller Krabben zu knacken.

Die Ober sangen »Happy Birthday«. Das brachte ihn in Verlegenheit, aber er mochte es trotzdem. Das spürte ich deutlich.

Wir sprachen über unsere Ziele und Träume für das kommende Jahr, tranken auf die wundersamen Jahre, die wir erlebt hatten, und schlossen dann einen Pakt. Egal, wie alt wir wären und wo wir lebten – wir würden unsere Geburtstage stets gemeinsam verbringen: um zu Abend zu essen und weil wir uns lieben, immer und ewig.

Und wir schlossen einen weiteren Pakt. Wir kamen darin überein, daß wir als Familie immer zusammenbleiben würden, ganz gleich, ob wir nun viele Leben hätten oder nur eines.

Ich fragte Shane, wohin er dieses Jahr gerne fahren würde, ob er schon irgendwelche Vorstellungen habe in bezug auf Ferien oder Reisen. Er dachte eine Zeitlang darüber nach und zuckte dann mit den Schultern.

»Ich glaube, du hast mich schon überallhin mitgenommen, wo ich gerne sein wollte, Mami«, sagte er.

Nichole entschuldigte sich bei ihrem Bruder, weil sie kein Geschenk für ihn hatte. »Aber was hältst du *davon?«* sagte sie. »Du kannst nächsten Samstag mit Joey und mir zum Skifahren mitkommen.«

Shanes Augen leuchteten auf. Großartig! sagte er.

Später am Abend, als wir wieder zu Hause waren und ich vor der Frisierkommode saß, um mein Haar zu bürsten, schlich Shane sich leise an mich heran. Er öffnete meine Schmuckschublade und nahm ein kleines goldenes Kreuz heraus, das sein Vater mir zur Zeit unserer Scheidung geschenkt hatte.

»Darf ich das haben?« fragte er.

»Das ist doch Unsinn«, sagte ich. Ich dachte, er wolle nur herumalbern.

Shane holte tief Luft und wiederholte seine Frage: »Mami, darf ich es haben?«

Der Ton seiner Stimme ließ mich aufhorchen. Er meinte es ernst.

»Aber natürlich, mein Schatz«, sagte ich. »Du kannst es haben.«

Der folgende Tag war der Freitag vor dem geplanten Skiausflug. Shane ging in der Küche auf mich zu, zog den Ausschnitt seines Pullovers herunter und zeigte auf das Kreuz. Es hing an einer Goldkette um seinen Hals.

»Gott ist jetzt bei mir«, sagte er leise.

Ich machte mir eine Tasse Tee und las die Notiz auf dem Küchentisch. Sie stammte von meiner Mutter. Anfang der Woche war sie kurz vorbeigekommen, weil sie aufs Land fahren und Ferien machen wollte. Sie hinterließ mir ihre dortige Telefonnummer – nur für den Fall, daß etwas Unvorhergesehenes passieren sollte.

Das hatte sie noch nie getan.

Einige Minuten, nachdem Shane zu Bett gegangen war, folgte ich ihm in sein Schlafzimmer. Ich sagte ihm, daß ich den Kaufvertrag für das Haus abgeschlossen hatte. Der Umzug stand bevor. Heute war die Entscheidung gefallen. Er würde all das haben, was er sich immer gewünscht hatte – Swimmingpool, Billardtisch, ein großes Zimmer. Seine Augen wurden ganz groß, und er lächelte.

Ich war so glücklich, daß ich das für ihn tun konnte. Für seine Schwester. Für uns alle.

»Laß uns beten«, sagte ich.

Es war ein einfaches Gebet. Wir schlossen die Augen, hielten uns an der Hand und dankten Gott dafür, daß wir eine Familie waren.

Ich gab ihm einen Gutenachtkuß und schaltete das Licht aus. Morgen würde ein wichtiger Tag sein.

In dieser Nacht konnte ich nur schwer einschlafen. Als ich zum letzten Mal auf den Wecker blickte, war es vier Uhr.

Ich dachte nicht, daß wir für immer und ewig zusammenbleiben würden, wie es in einem Lied heißt. Aber ich dachte schon, daß uns noch mehr Zeit bliebe, als tatsächlich zur Verfügung stand. Ich wußte nicht, daß das Ende näherrückte, daß so bald schon alles vorbei sein würde.

Jetzt ist mir klar, warum ich den ganzen Monat geweint habe. Wir waren dabei, voneinander Abschied zu nehmen.

Vier

Wir fuhren in Utah zwischen steilen Felsen entlang,
als er aus dem Fenster deutete.
»Siehst du – dort? Ein Felsvorsprung über dem Abgrund.«
»Ich weiß«, sagte ich. »Von so einem bin ich schon mal
hinabgestürzt.«

Ich sitze in meinem Arbeitszimmer, einem einfachen Raum, dessen Wände mit Bildern aus *Robin Hood, Avalon, Die Schatzinsel* und *Curious George* geschmückt sind. Mein Freund Bobby ruft an, um mir zu sagen, daß er mich besuchen kommt. Er kümmert sich beruflich um Menschen, die großen Kummer haben, denen alle Lebenskraft geraubt wurde. Wir sprechen darüber, wie weh es tut, einen Menschen zu verlieren, zumal dann, wenn er ganz plötzlich aus unserer Mitte gerissen wird.

Er erzählt mir von jener Zeit, als eine Frau die Beziehung mit ihm genauso unvermittelt wie unerwartet beendete. »Im größeren Rahmen betrachtet, war das kein so schwerwiegender Verlust«, sagt er. »Aber ich hatte nicht damit gerechnet. Ich mußte zur Arbeit gehen und ausgerechnet an diesem Tag einen Vortrag halten. Und ich hatte keine Ahnung, wie ich das schaffen sollte. Es war, als hätte mir jemand das Herz aus der Brust gerissen und als könnte ich nicht mehr atmen.«

»Ich weiß, was du meinst«, sagte ich: »Ich habe dieses Gefühl schon seit zwei Jahren.«

. . . .

An jenem Samstag morgen weckte mich Shane um sieben Uhr.

»Das Spiel beginnt um acht«, sagte er. »Ich darf nicht zu spät kommen. Komm doch mit, Mami«, bettelte er. »Du hast dieses Jahr noch kein einziges Mal bei meinen Basketballspielen zugeschaut.«

Ich war müde, weil ich nur drei Stunden geschlafen hatte. Aber seine Stimme hatte wieder diesen eigenartigen Ton. Shane war der geborene Sportler und in allen Ballsportarten sehr geschickt. Er spielte Football, Baseball, Hockey, Basketball und Fußball. Er konnte Schlittschuh und Rollschuh laufen und übte sich in Karate. Ich besuchte ihn gerne im Training und bei seinen Spielen, aber ich konnte nicht immer dabeisein. An diesem Morgen wußte ich, daß es höchste Zeit war, wieder einmal mitzukommen.

Ich kämpfte mich aus dem Bett und begleitete ihn zur Schulturnhalle. Er war wirklich goldig, stellte für mich einen Stuhl an der Seitenlinie auf, kam in den Auszeiten zu mir herüber und streichelte über meinen Kopf. Voll mütterlichem Stolz schaute ich ihm zu. Alle Jungs sind großartig, dachte ich. Aber meiner besitzt etwas ganz Besonderes. Sogar im Dreß seiner Mannschaft und auf größere Entfernung erkannte ich ihn sofort. Ich spürte seine Energie. Er hatte einen ganz bestimmten Gang, einen sicheren Schritt. So reif war er schon – und doch immer noch ein kleiner Junge. O Gott, ich liebe ihn, dachte ich. Ich bin so froh, seine Mutter zu sein.

Ich verstehe nicht viel von Basketball – und auch andere Sportarten sind mir im Grunde fremd –, aber dieses Match verfolgte ich mit Interesse und einem gewissen Verständnis.

Ich bin nicht gerade sportlich veranlagt und habe weder eine spezielle Disziplin noch sonst irgendwelche körperlichen Aktivitäten ausgeübt, sieht man von Spaziergängen, Dauerläufen und gelegentlichen Sprüngen ins Schwimmbecken einmal ab. Aber ich konnte durchaus sehen, daß Shane wirklich gut war.

An diesem Morgen spielte er mit großem Einsatz, aber sein Timing stimmte nicht. Zwar versuchte er immer wieder, den Korb zu treffen, hatte jedoch keinen Erfolg. Seine Mannschaft unterlag knapp, mit einem Punkt weniger.

Auf dem Nachhauseweg wollte er unbedingt, daß wir anhalten und frühstücken. Er bestellte seine Lieblingsmahlzeit: Pfannkuchen mit Erdbeeren.

Ich kann mich nicht mehr daran erinnern, was ich gegessen habe.

»Du hast gut gespielt«, sagte ich. »Ich bin stolz auf dich. Aber deine Würfe waren keinen Pfifferling wert.«

Er sah es auch so.

Wir fuhren nach Hause, um Christie, unsere Haushälterin und Kinderfrau, zu treffen. Sie hatte vor, Nichole, Shane und Joey zur Skipiste zu fahren. Joeys Mutter wollte sie dann dort abholen und nach Hause bringen. Die Fahrt dauerte ungefähr fünfundzwanzig Minuten, bei schlechten Straßenverhältnissen entsprechend länger.

Mit dem Skifahren hatte ich es nicht so. Aber viele Kinder und Erwachsene aus den umliegenden Ortschaften taten es mit Leidenschaft. Mir machte es angst. Ich stellte mir vor, daß ich mir gleich beim ersten Versuch das Bein brechen würde. Die Kinder jedoch fanden Gefallen daran wie die Frösche am Seerosenteich. Ja, sie liebten es geradezu. Und an diesem Morgen erschien es ihnen ganz besonders aufregend, den Tag auf der Piste zu verbringen.

Als Christie an der Tür läutete, kam Nichole zu mir ins Zimmer gestürmt und küßte mich zum Abschied. Shane kam hinterher. Ich gab beiden Geld für den Lift und Shane zusätzlich noch etwas, damit er sich Skier mieten konnte. Nichole besaß schon welche; die hatte sie zu Weihnachten bekommen. Und obwohl ich Shane vor kurzem Skianorak und -hose gekauft hatte, widerstrebte es mir, jetzt schon Skier für ihn zu besorgen.

»Seid um sechs zu Hause«, rief ich ihnen nach, als sie zur Tür hinausgingen. Nichole versprach, daß sie bis dahin zurück wären. »Ich liebe euch, Kinder«, sagte ich. Und schon waren sie fort.

Es war ein seltsamer Tag. Ich hatte das Gefühl, als würde ich auf etwas warten, ohne zu wissen, worauf eigentlich. Schon den ganzen Morgen oder vielleicht noch länger war ich in dieser Stimmung gewesen. An diesem Nachmittag schaltete ich den Fernseher ein, benutzte die Fernbedienung, um von einem Kanal auf den anderen zu schalten. Keines der Programme weckte mein Interesse. Schließlich entschied ich mich doch, einen Film anzuschauen, den ich schon kannte. Er hieß *Always* und handelte von einem Piloten, der Feuersbrünste aus der Luft bekämpft und durch einen Flugzeugabsturz ums Leben kommt. Die Geschichte spielt größtenteils nach seinem Tod, wenn er als Seele oder Geist zurückkehrt, um seiner Freundin zu helfen, mit ihrem Leben besser fertig zu werden.

Es wurde gezeigt, wie schwer es ihr fiel, nach dem Tod des geliebten Menschen wieder Anteil am Leben zu nehmen. Man spürte, daß es beide viel Mühe kostete, einander loszulassen. Ich war völlig ergriffen und weinte genauso wie damals, als ich den Film zum ersten Mal sah.

Ich hatte noch nicht wirklich über ein Leben nach dem Tod nachgedacht, aber die Vorstellung, daß unser Geist unsterblich ist, daß es in dieser Welt noch etwas gibt, was wir nicht direkt sehen können, und daß die Liebe eine so mächtige Kraft besitzt, berührte mich doch sehr. Ich empfand es als tröstlich, nach der Todeserfahrung wieder lebendig zu sein.

Ja, bisher hatte ich mir über den Tod keine großen Gedanken gemacht. Mir war klar, daß ich altern würde, aber zugleich dachte ich, daß wohl noch weitere vierzig Jahre vor mir liegen würden.

Ich hatte den vorzeitigen, tragischen Tod schon des öfteren miterlebt. Ein Jugendlicher aus der Nachbarschaft hatte sich mit fünfzehn das Leben genommen. Ein Zwillingskind, das ich einige Male gehütet hatte, war bei einem Campingausflug ertrunken. Eine Nachbarin, alleinerziehende Mutter, war im Alter von fünfundvierzig Jahren an Krebs gestorben und hatte zwei Kinder hinterlassen. Aber ich wollte mich mit diesen Todesfällen nicht weiter beschäftigen, wollte mit ihnen nicht wirklich in Berührung kommen.

Der Tod jagte mir große Angst ein.

Ich schaute auf die Uhr. Es war schon acht. Ich fragte mich, warum die Kinder noch nicht zu Hause waren. Sie sollten doch um sechs Uhr hier sein.

Etwa zu der Zeit, als sich der Film dem Ende näherte, beendete ein zwölfjähriger Junge in der Hütte der Afton Alps ein Videospiel. Er plauderte kurz mit seiner Schwester, grinste, sagte zu ihr: »Bis gleich« und machte sich auf den Weg, um erneut abzufahren.

Er überredete eine Freundin seiner Schwester dazu, gemeinsam einen Hang auszuprobieren, der erfahrenen Skiläufern vorbehalten ist und »Das Gesicht« genannt wird. Er hatte den ganzen Tag vorsichtig auf dem Hügel für Anfänger geübt. Jetzt wollte er versuchen, einmal diesen schwierigen Hang herunterzufahren, und so den Tag zum Abschluß bringen. Ein Ehepaar von hier, das die Kinder kennt, winkte ihnen nach, als sie das Chalet verließen. Die Frau hatte noch kurz daran gedacht, die beiden zu warnen, die auf »Das Gesicht« zusteuerten. Aber sie tat ihre Bedenken mit einem Achselzucken ab. Wenn Kinder zu etwas entschlossen sind, kann man es ihnen nicht mehr ausreden.

Es war ein klarer, von Sternen erhellter Abend, und auf

dem Hang tummelten sich viele Skifahrer. Als die beiden Kinder den höchsten Punkt erreichten, wandte sich der Junge dem Mädchen zu.

»Packen wir's an!« rief er, bohrte seine Skistöcke in den Schnee und stieß sich ab.

Als das Telefon klingelte, werkelte ich gerade im Haus herum.

»Mrs. Beattie?« fragte eine männliche Stimme.

»Ja«, sagte ich.

»Ihr Sohn wurde bei einem Skiunfall verletzt. Ich bin von der Bergwacht in Afton. Er ist bewußtlos. Aber machen Sie sich keine Sorgen. Skifahrer sind nach einem Sturz oft bewußtlos. Manchmal kommen sie erst nach ein oder zwei Stunden wieder zu sich. Ich bin sicher, daß es ihm bald wieder gutgehen wird. Bleiben Sie, wo Sie sind. Wir rufen Sie so bald wie möglich wieder an.«

In fast allen seinen Sportarten hatte Shane ab und zu kleinere Verletzungen erlitten. Ich legte den Hörer auf in der Gewißheit, daß die Sache gut ausgehen würde. Er war ein robuster, starker und vitaler Junge. Shane würde bald wieder wohlauf sein.

Der kleine Körper des Jungen lag regungslos im Schnee. Er war an einer Bodenwelle gestürzt, hatte sich erhoben und versucht, das Gleichgewicht wiederzufinden. Ein anderer Skifahrer kam von hinten und prallte gegen ihn, so daß Shane erneut zu Boden stürzte. Diesmal bewegte er sich nicht mehr. Das Ehepaar, das ihn beim Verlassen des Chalets gesehen hatte, fuhr gerade mit dem Skilift. Die Frau blickte hinunter, sah die regungslose Gestalt und erkannte ihn. Sie stieg aus dem Lift und fuhr zu ihm hin. Sie ist staatlich geprüfte Krankenschwester.

Das Mädchen, das ihn begleitet hatte, erreichte das Ende der Piste. Sie schaute sich nach ihrem Skipartner um, dachte, er wäre direkt hinter ihr. Dann bemerkte sie, wie weiter oben einige Leute in Richtung eines gestürzten Skifahrers rannten. Schnell schnallte sie die Skier ab und stürmte den Hang hinauf.

Die Krankenschwester fuhr zum Chalet hinunter, um ärztliche Hilfe anzufordern. Der Erste-Hilfe-Schlitten traf an der Unglücksstelle ein. Die Mund-zu-Mund-Beatmung blieb erfolglos. Der Sanitäter verabreichte Sauerstoff, und jemand rief den Krankenwagen. »Versuchen Sie, seine Schwester zu finden«, sagte die Krankenschwester. Sie hatte schon des öfteren mit sterbenden Menschen zu tun gehabt. Sie wußte, ob ein Körper noch Lebenskraft besaß oder nicht. Diesmal sah es nicht gut aus. Das hier erschien ihr trostloser als alles, was sie bisher erlebt hatte.

Ich wartete neben dem Telefon. Nach einer Viertelstunde läutete es erneut. »Ihr Sohn ist immer noch nicht bei Bewußtsein. Wir bringen ihn ins Ramsey-Hospital in St. Paul. Kommen Sie dorthin«, sagte die Stimme. »Aber seien Sie unbesorgt. Alles wird gut.«

Bleib ruhig, dachte ich. Steck den Geldbeutel und die Autoschlüssel ein. Du brauchst nichts anderes zu tun, als zum Krankenhaus zu fahren, dort deinen

Sohn zu besuchen und an seiner Seite zu sitzen. Alles wird gut.

Ich startete den Wagen und fuhr rückwärts die Einfahrt hinaus.

Ein vierzehnjähriges Mädchen stand hinter dem Krankenwagen. »Helfen Sie ihm!« flehte sie. »Passen Sie gut auf ihn auf! Er ist mein Bruder!« Die Sanitäter rissen ihm die Jacke herunter und gaben ihm eine Infusion. »Hat er etwas getrunken? Drogen genommen?« fragten sie. »Aber nein!« schrie sie. »Er ist doch erst zwölf! Er hat heute abend nur Pepsi getrunken! Tun Sie doch was!« Der Sanitäter wollte gerade die Goldkette, an der ein Kreuz hing, vom Hals des Jungen abtrennen, als das Mädchen schrie: »Bitte, lassen Sie's ihm!« Sie schlossen die Türen und rasten zur Notaufnahme des Krankenhauses.

Ich fuhr im Eiltempo Richtung St. Paul. Jetzt einfach nur dort hinkommen, dachte ich. Nichts sonst. Seltsame, dunkle Gedanken gingen mir durch den Kopf. Sie kreisten um Krankheit und Tod, ganz anders als sonst. Ich schüttelte sie ab.

Ich parkte neben der Notaufnahme und ging durch die Glastüren. Eine Krankenschwester kam mir am Eingang entgegen.

»Ich bin Mrs. Beattie. Ich bin gekommen, um …«

Sie schaute mich an, aber so merkwürdig, so fremdartig, wie mich noch nie jemand angeschaut hat. Ich verstand diesen Blick nicht. Sie nahm meinen Arm und führte mich in ein kleines Zimmer, in dem ein paar Stühle standen und ein Telefon; an der Wand hing ein Kreuz.

»Haben Sie jemanden, den Sie herbeirufen können?« fragte sie.

Diese Worte – *Haben Sie jemanden, den Sie herbeirufen können?* – brachen mir das Herz. Ich wußte, was damit gemeint war.

Ich sprach mit einem Arzt. Er sagte etwas von Gehirnverletzungen, Schwellungen, weiteren Tests.

Die nächsten drei Tage betete ich und wartete auf ein Wunder. Meine Freunde waren bei mir. Zwanzig, dreißig oder noch mehr von ihnen blieben im Krankenhaus an meiner Seite. Sie wußten nicht, was sie tun sollten; und auch ich wußte nicht, was ich tun sollte. Nur eines war mir klar: daß ich mein kleines Kind wollte. Ich wollte es unversehrt wiederhaben. Einmal nahm ich im Familienzimmer eine Bibel zur Hand und las die Stelle, die ich zufällig aufgeschlagen hatte – in der Hoffnung, Gott würde mir auf diese Weise die Botschaft zukommen lassen, daß alles bald wieder in Ordnung wäre. Mein Daumen lag auf der Stelle, wo Jesus den Lazarus von den Toten auferweckt. Das ist vielleicht ein Zeichen, dachte ich. Aber im Grunde erschien es mir nicht wie ein gutes Omen, sondern wie ein grausamer Scherz.

Dann sagten die Ärzte und Schwestern mit zögernden Stimmen, daß keine Hoffnung mehr bestünde. Das sind die beiden Wörter, an die ich mich erinnere: *Keine Hoffnung*. Ich schaltete weitere medizinische

Fachkräfte ein, Heilpraktiker, Geistliche. Sie alle schauten mich an, schüttelten den Kopf und sagten: »Es tut mir leid, aber es gibt keine Hoffnung.«

Und wissen Sie, was ich diesen Leuten gesagt habe?

Ich sträubte mich wie ein Maultier und erwiderte: »Nein! Erzählen Sie mir nicht so was! Sagen Sie nie, daß keine Hoffnung mehr besteht. Ich habe mein ganzes Leben daran geglaubt, daß man die Hoffnung nicht verlieren soll. Man kann immer hoffen. Also sagen Sie jetzt nicht solche Sachen. Nicht, wenn's um meinen kleinen Jungen geht.«

Manchmal hielt ich es in Shanes Zimmer nicht mehr aus. Ich hatte das Gefühl, zu explodieren, verrückt zu werden. Das Beatmungsgerät zischte jedesmal, wenn Luft in die Lungen gepumpt wurde. Er bekam Infusionen, war an Schläuche und Monitore angeschlossen. Neben den Nadeln faßte ich seine Hand und drückte sanft seine Finger, aber er reagierte nicht darauf. Eine Zeitlang saß ich draußen bei den Freunden und begab mich dann wieder in sein Zimmer zurück.

Ich erinnerte mich an jene Zeit, die einige Wochen zurücklag.

»Laß uns zusammen Schlitten fahren«, hatte er gesagt.

»Ich bin doch schon zu alt dafür«, hatte ich geantwortet.

»Nein, bist du nicht.«

»Es ist zu kalt.«

»Zieh deine wetterfesten Hosen an, und dann gehen wir.«

Das geschah auch. Wir nahmen seinen Schlitten und gingen zu dem kleinen Hügel auf der anderen Straßenseite. Nach ungefähr zehn Fahrten war ich müde.

»Du fährst jetzt mal eine Weile alleine herunter, und ich schau' dir zu«, sagte ich.

Er stieg auf den Hügel und rodelte nach unten. Aber anstatt im offenen Bereich langsam anzuhalten, bog er nach rechts ab, stieß gegen einen Baum und fiel vom Schlitten. Da lag er nun rücklings im Schnee.

Ich schrie: »Shane, ist alles in Ordnung?« Er antwortete nicht, aber ich wußte, daß er nur Spaß machte. Ich rannte zu ihm hin. »Hör auf«, sagte ich. »Das ist nicht komisch.«

Schnell setzte er sich auf, lächelte und sagte: »Ätsch, reingelegt!«

»Albere nicht so herum«, sagte ich. »Wenn dir etwas zustoßen würde, wäre ich völlig ratlos. Ich glaube nicht, daß ich ohne dich weiterleben könnte. Verstehst du das?«

Er sah mich an, wurde ganz ernst und sagte: Ja, das wüßte er.

Jetzt wünschte ich mir inständig, er würde sich aufsetzten, lächeln und sagen: »Ätsch, reingelegt!« Aber er tat es nicht.

Am dritten Tag sagten mir die Ärzte, daß sie in drei Stunden die Geräte, die Shane am Leben erhielten, abschalten müßten. Seine Nieren hatten versagt, sein Körper arbeitete nicht mehr, sein Gehirn war tot. Es wurde Zeit. Alle medizinischen Möglichkeiten waren ausgeschöpft.

Ich stand in einem der Korridore, als sie mir diese Nachricht überbrachten. Ich war betäubt, in Anbetracht der Umstände aber ziemlich gefaßt. Plötzlich schrie ich die Ärzte an: »Verdammt noch mal, das ist *mein* Kind, über das Sie da reden!« Dann stieß ich mit dem Fuß gegen die gegenüberliegende Metalltür. Holte erneut aus und trat so fest dagegen, wie ich nur konnte.

Echo stand direkt neben mir. Ihr wurde angst und bange, als sie sah, wie ich die Tür bearbeitete. Sie ergriff meine Hand und zog mich fort.

»Keine Sorge«, sagte sie zu der einen Ärztin. »Sie hat sich immer wieder aufgerappelt und getan, was sie tun mußte. Und es war genau das Richtige. Sie kriegt schon alles in den Griff; irgendwann wird's ihr wieder gutgehen.«

Ich war mir da nicht so sicher. Das Richtige tun – was hieß das? Mein Kind sterben lassen? Die Vorbereitungen für die Beerdigung treffen? War es das? Wie kann man das Richtige tun, wenn das eigentlich Richtige nicht geschieht?

Ein anderer Arzt gab mir eine Tablette, ein Beruhigungsmittel. Ich schluckte es hinunter. Dann gingen

Echo und ich ins Badezimmer und setzten uns auf den Boden. Ich wußte, daß sie recht hatte. Ich mußte alles auf die Reihe bekommen und die nötigen Schritte unternehmen. Echo sagte, wir würden die ganze Sache Schritt für Schritt durchstehen. Ich hatte schwer zu schlucken und verdrängte meine Wut. Die Tablette begann zu wirken. Ich wurde allmählich ruhiger.

Die Freunde von Shane und Nichole sowie die Familienmitglieder nahmen Abschied von ihm. Dann betrat ich das Zimmer.

Ich schnitt ihm eine Haarlocke ab, berührte seinen Fuß. Seine kleinen Füße hatte ich immer ganz besonders lieb gehabt. Und ich hielt ihn in meinen Armen, als sie das Beatmungsgerät abschalteten.

»Ich liebe dich«, sagte ich. »Ich habe dich immer geliebt, und werde dich immer lieben.«

In dem Augenblick, da sie die Maschine abstellten, hörte er auf zu atmen. Seine Lungen gaben einen letzten Hauch frei, und er rührte sich nicht mehr. Da wußte ich, daß er schon seit Tagen nicht mehr geatmet, nicht mehr gelebt hatte. Die Apparate hatten nur den Eindruck erweckt, als wäre er noch unter uns.

Im Zimmer wurde es still. Eine Schwester fing an, die Schläuche und Nadeln zu entfernen. Echo sah nervös und angespannt aus, verließ dann langsam den Raum. Ich stand wie angewurzelt. Echo schaute mich an; die Schwester schaute mich an. Die Uhr tickte. Ich betrachtete Shane. Und ich stand da, konnte mich nicht von der Stelle bewegen. Schließlich setzte ich vorsichtig einen Fuß vor den anderen, weil das die einzige Möglichkeit ist, sich zurückzuziehen, irgendwie davonzukommen, und so ging ich aus diesem Zimmer und aus dem Krankenhaus.

Das war das Schwierigste und Schlimmste, was ich je in meinem Leben habe tun müssen.

. . . .

In jener Woche, in der die Beisetzung stattfand, habe ich mich ganz gut gehalten. Nichole und ich und die Menschen, die von auswärts gekommen waren, übernachteten in einem Hotel nahe dem Krankenhaus. Ich war noch nicht fähig, nach Hause zurückzukehren.

Einmal habe ich mich im Hotel verlaufen. Ich wanderte von einem Zimmer zum nächsten und war ganz konfus und dachte, ich sei wahnsinnig, und wußte weder, wohin ich gehen sollte, noch wie ich in mein Zimmer gelangen könnte. Ich setzte mich auf den Boden und weinte. Ich wünschte, jemand würde mich finden und mir helfen. Aber niemand kam. Nach einer Weile stand ich auf. Ich irrte zur Eingangshalle und fragte den Portier, auf welchem Weg ich in mein Zimmer käme.

In meinem Kopf war etwas Seltsames passiert. Ich konnte kaum einen klaren Gedanken fassen, logische Schlußfolgerungen ziehen, den Dingen auf den Grund gehen, wie ich es früher getan hatte. Ich lebte jetzt in einer mir unbekannten Welt, und mir war bereits klar, daß ich deren Probleme auf andere Weise bewältigen müßte als bisher.

Das behagte mir ganz und gar nicht.

Hunderte von Menschen kamen zur Totenwache und zur Beerdigung. Es war mir eine Hilfe, daß so viele Leute Anteil nahmen. Im Kreis der anderen fühlte ich mich stärker, obwohl ich nicht viel zu sagen hatte. Manchmal konnte ich Personen, die mir vertraut waren, nicht wiedererkennen. Ich erinnerte mich vage daran, mein Gegenüber schon oft gesehen zu haben, mußte aber den Namen noch einmal hören, um zu begreifen, wer da vor mir stand. Es war merkwürdig, diese Menschen, mit denen ich in ganz unterschiedlichen Lebensabschnitten zu tun gehabt hatte, der Reihe nach an mir vorüberziehen zu sehen. Ich dachte: Jeder von ihnen hat mir geholfen, eine bestimmte Lektion zu lernen. Zwar war sie nicht immer nach meinem Geschmack, aber doch in jeder Lebensphase wichtig. Sogar jetzt, da ich völlig außer mir war, konnte ich das deutlich fühlen. Man hat es mir vielleicht nicht angesehen, aber ich befand mich tatsächlich im Zustand völliger Verwirrung.

Auch mein Vater war bei der Totenwache mit dabei. Er blieb fünf Minuten, sagte, es tue ihm leid, daß Shane gestorben sei. Er begegnete den Kindern zum ersten Mal. Wir waren beide verlegen, aber ich bewunderte es, daß er sich eingefunden hatte. Dazu gehörte viel Mut.

Mein Bruder, meine Schwestern und meine Mutter waren jahrelang nicht mehr in einem Raum zusammen gewesen. Am Tag nach Shanes Unfall hatte ich sie alle gebeten, die Unstimmigkeiten zu vergessen und mir zu helfen, dieses tragische Ereignis durchzustehen, weil ich es ohne sie nicht schaffen würde. Sie erklärten sich einverstanden. Ich dachte, daß dies eine schöne und liebevolle Geste von ihnen war.

Mein Bruder und ich umarmten uns zum ersten Mal. Er sagte, er habe mich sehr lieb, und ich erwiderte, daß ich ihn ebenfalls sehr lieb habe.

Bei Shanes Beisetzung trug ich zwei Gedichte vor. Im einen ging es um eine Mutter, die bereit war, ihr Kind zu lieben und alle Freuden, die es ihr schenkt, auszukosten, auch wenn sie dann sein plötzliches Verschwinden beklagen muß. Das andere enthielt eine einfache Botschaft, nämlich daß man seinem Kind zwei wichtige Dinge mit auf den Weg geben kann: Wurzeln und Flügel. Ich sagte, ich hätte alles getan, damit Shane über gesunde Wurzeln verfügte, und daß es nun an der Zeit sei, ihm Flügel zu verleihen. Shanes bester Freund, John, sprach einige Sätze. Dann brachte Louie zum Ausdruck, daß es nur zwei Dinge gibt: Furcht und Liebe. Was nicht Liebe ist, ist Furcht, sagte er. Und was nicht Furcht ist, ist Liebe.

Beim Trauergottesdienst breitete ich Shanes sämtliche Sportartikel aus: den Hockeyschläger, den Footballhelm, einen Basketball, einen Football – die Sachen, die ihm am liebsten waren. Als die Zeremonie zu Ende war, erhob ich mich und sammelte alles wieder ein. Der Bestattungsunternehmer sagte, das müßte ich nicht machen. Doch, erwiderte ich, das muß ich: Ich bin seine Mutter, und dies ist die letzte mütterliche Aufgabe, die ich zu erledigen habe. Ich habe für diesen Kleinen sein ganzes Leben lang gesorgt, und das werde ich auch jetzt tun.

Dann gingen wir nach draußen. Louie hatte veranlaßt, daß auf dem Friedhofsgelände ein Heißluftballon festgemacht wurde. Er durfte nicht frei hochsteigen, weil der Friedhof nahe dem Flughafen und in einer Einflugschneise lag. Aber er schwebte und zischte direkt über uns. Jeder hielt einen kleinen Luftballon in der Hand, so daß ein Meer von Farben entstand. Und alle zusammen ließen wir dann die Schnüre los.

Als die Kinder noch klein waren, liebten sie Luftballons über alles. Ließ eines der Kinder seinen Ballon versehentlich los, tröstete ich es, indem ich sagte: »Das macht nichts. Gott fängt all eure Luftballons auf. Und wenn ihr in den Himmel kommt, erhaltet ihr einen großen Strauß aus all jenen Luftballons, die ihr bis dahin verloren habt. Ihr braucht also nicht zu weinen. Alle sind da und warten auf euch.«

Für einen Februartag in Minnesota war es ungewöhnlich warm und sonnig. Keine Wolke, kein Flugzeug zeigte sich am Himmel, als Hunderte von Luftballons immer höher flogen, bis wir sie schließlich nicht mehr sehen konnten.

Ich hatte meinen Luftballon als letzte losgelassen, deshalb schwebte er langsam hinter den anderen her. Aber selbst dieser verschwand irgendwann.

Beim gemeinsamen Essen rührte ich keinen Bissen an. Einige meinten, ich solle etwas zu mir nehmen, aber alles schmeckte wie getrocknetes Papier und war kaum hinunterzubekommen. Die Gesichter der Leute sahen komisch aus, so als würde ich sie im Zerrspiegel betrachten.

Am Abend besuchten einige von uns eine Kleinkunstbühne in St. Paul. Louie wollte eine Sondervorstellung geben. Der Raum war klein. Ich lachte ein wenig, hörte zu, so gut ich konnte. Am Ende blickte er zur Decke, blies einen Kuß in die Luft und sagte: »Shane, wir lieben dich.«

Und dann war alles vorbei.

Unsere Freunde kehrten in ihr Leben zurück, Nichole und ich fuhren heim nach Stillwater. Ohne Shane wirkte das Haus ganz anders, fremdartig. Wie die Schneekugel war auch meine Welt zerbrochen, und ich konnte die Teile nicht wieder zusammenfügen. Ich selbst war am Boden zerstört, gebrochen wie nie zuvor. Ich setzte mich auf Shanes Bett und sah mich im Zimmer um. Vor mir lagen genauso bedrohliche wie endlose Tage des Schmerzes, an denen er mir wahnsinnig fehlen würde.

Ich will da nicht durch, dachte ich. Lieber Gott, ich will das alles nicht mitmachen.

Ich war von einer Klippe gestürzt – oder vielleicht

wurde ich auch hinuntergestoßen. Ich fühlte mich verloren, durcheinander und allein, wie in jenem Hotelflur. Es würde Monate über Monate dauern, bis ich hören oder glauben konnte, was mir die Engel in dieser Nacht zuflüsterten. Erst nach längerer Zeit würde ich auf ihre Worte achten:

»Du hast eine Reise ins Unbekannte unternommen. Und obwohl du vielleicht denkst, du seist im Stich gelassen worden, so wisse doch: Du bist niemals allein.«

Zweiter Teil

Fünf

»Die Lehre ist alt und tragisch«, flüsterte er, als er mich eng umschlungen hielt. »Der junge Prinz ist tot. Und über das Land bricht Finsternis herein.«

In dem Augenblick, da ich das letzte Kapitel beende, fegt ein Wirbelsturm durch mich hindurch. Meine Hände zittern. Mein ganzer Körper bebt. Tagelang setze ich mich nicht an den Computer, versuche, mein seelisches Gleichgewicht wiederzuerlangen. Es gibt einen roten Faden, der voneinander unabhängige Ereignisse in eine genau strukturierte Geschichte verwandelt, zufällige Stunden und Tage zu einem Leben verknüpft, das wirklich einen Sinn hat. Durch Shanes Tod wurde dieser Faden zerrissen – in meinem Leben wie in meiner Geschichte. Um die dünnen Enden des Fadens wiederzufinden, kehre ich schließlich doch wieder zum Computer zurück. Ich habe ein Geschenk von Echo dabei: einen weißen Porzellanengel, der nun neben mir auf dem Tisch steht, während ich schreibe, und mich daran erinnert, daß ich nicht allein bin.

Ich starre den Engel an und denke, wie dankbar ich Echo dafür bin, daß sie mich so liebevoll behandelt. Ich nehme den Telefonhörer ab.

»Wollte nur anrufen, um dir zu sagen, wie lieb ich dich hab'«, sage ich, als sie sich meldet.

»Merkwürdig«, erwidert sie, »gerade habe ich mir auch überlegt, daß ich dich anrufen und dir das gleiche sagen wollte. Wir haben wohl die gleiche Wellenlänge.«

Die Aufgabe besteht nicht mehr in erster Linie

darin, stark zu sein, mit aller Kraft standzuhalten, wie in den ganzen Jahren vorher. Jetzt geht es um den Lernprozeß, sich innerlich vollkommen zu öffnen.

· · · · · · ·

Ich saß auf den Klippen von Maui und schaute zu, wie die Wellen etwa fünfhundert Meter unter mir gegen die felsige Küste schlugen. Weiter draußen tauchten Wale auf und verschwanden wieder im Meer. Die Sonne strahlte hell vom Himmel herab; seit meiner Ankunft auf Hawaii vor einer Woche war dies der erste klare Tag.

Es waren seltsame Ferien. Mein Halbbruder und meine Halbschwester hatten sich bisher jedes Jahr auf Hawaii getroffen. Diesmal wollten sie, daß ich mit ihnen komme. Auch mußte ich mich entscheiden, was aus unserem Umzug werden sollte. Am Vorabend von Shanes Tod hatte ich den Kaufvertrag unterzeichnet. Jetzt drängten mich die Besitzer des Hauses, klare Verhältnisse zu schaffen.

Jede Vorgehensweise schien verkehrt zu sein. In meinem Leben schien nichts mehr zu stimmen. Für mich stand außer Frage, daß sich ein schreckliches Mißgeschick ereignet hatte, auf das ich nicht vorbereitet war und mit dem ich mich nicht abfinden konnte.

Nun, da Nichole ihren Bruder verloren hatte, zögerte ich, sie aus ihrer vertrauten Umgebung in

Stillwater – aus Schule und Freundeskreis – herauszureißen. Andererseits war weder ihr noch mir wohl bei dem Gedanken, in diesem Haus zu bleiben, das uns ständig an Shanes Abwesenheit erinnerte. Da war der Schulbus, der jeden Nachmittag um drei Uhr anhielt, um alle Klassenkameraden von Shane aussteigen zu lassen – aber ihn nicht; sein leeres Schlafzimmer; seine Freunde, die am vorderen Fenster vorbeigingen; die Tennisplätze, wo wir ungeschickt die Bälle in alle Richtungen schlugen; der See, an dem wir saßen. Alles, was wir betrachteten, durchbohrte uns das Herz, zerriß den Nebelschleier und verstärkte so nur unseren Schmerz – falls dies überhaupt noch möglich war.

Deshalb entschlossen wir uns zum Umzug. Christie hatte Nichole eingeladen, eine Woche auf die Bermudas zu fahren. Meine Familienangehörigen hatten mich gebeten, gemeinsam einige Zeit auf Hawaii zu verbringen, damit wir uns wieder näherkommen. Während Nichole und ich unterwegs waren, sollten unsere Sachen ins neue Haus transportiert werden.

Wenn ich an den Umzug dachte, empfand ich keinerlei Freude. Seit dem Tod meines Sohnes waren sechs Wochen vergangen. Mein Schmerz hatte kaum nachgelassen, aber diese fast unmerkliche Erleichterung erschien mir doch willkommen. Trotzdem fühlte ich mich immer noch wie an jenem Tag, als ich in die Notaufnahme ging und die Krankenschwester mich so sonderbar anschaute. Es war, als hätte jemand ein

Gewehr auf meine Brust gerichtet und ein Loch in mein Herz geschossen.

Allmählich lernte ich, mit dem Gefühl im Bauch meinen Pflichten nachzukommen. Ich weinte, wenn es sein mußte, und lachte, wenn sich die Möglichkeit dazu bot. In gewisser Hinsicht war das Leben einfach geworden. Jeden Morgen stand ich auf und bewegte mich bald hierhin, bald dorthin. Eines Tages, etwa zwei Wochen nach Shanes Tod, ging ich in die Küche. Dort saßen Carmen, Ingrid, Nichole und einige andere aus der »Wir-halten-zusammen-Clique«.

»Ich habe heute in Englisch über dich geschrieben«, sagte Carmen.

»Was kannst du denn über mich schreiben?« fragte ich.

»Wir mußten einen Aufsatz über Tapferkeit und Mut schreiben«, sagte sie. »Ich habe dich zu meinem Thema gemacht.«

Ich fing an zu weinen, sagte, daß ich nicht für meine Tapferkeit bekannt sein wolle.

»Wofür willst du dann bekannt sein?« fragte Carmen.

Die Antwort ging mir leicht von der Zunge. »Ich möchte bekannt dafür sein, daß es in meinem Leben keinerlei Probleme gibt.«

Mir wurde bereits bewußt, daß ich sogar in den schlimmsten und dunkelsten Phasen einen Lichtstrahl, einen Augenblick der Freude zu entdecken vermochte. Die andere, härtere Lektion dagegen wollte ich nicht lernen – nämlich, daß sich selbst in den lichtesten Augenblicken ein unerträglicher Schmerz verbergen kann. Noch war ich nicht soweit, das zu akzeptieren. Diese Lektion war zu schwierig, zu sehr auf die Erwachsenenwelt zugeschnitten, zu grausam.

»Ich habe immer den Wunsch, zu jenem Moment zurückzukehren, der einem Unfall unmittelbar voraufgeht«, sagte meine Freundin Wendy.

»Ich weiß, was du meinst«, erwiderte ich.

Shane fehlte mir schrecklich: seine Gegenwart, seine Stimme. Ich sehnte mich danach, ihn zu berühren, zu spüren. In manchen Nächten lag ich wach bis in die frühen Morgenstunden und versuchte, den Schleier zu heben, der diese Welt von der anderen trennt. Doch all meine Anstrengungen, all die starren Blicke und Versuche, den Äther zu durchdringen, bewirkten nur, daß ich Kopfschmerzen bekam. Dieser Schleier, den einige als äußerst fein und leicht bezeichnen, erschien mir wie ein Zementwall. Ich hatte das Gefühl, als wäre Shane weit weg – und für immer von mir gegangen.

Darüber hinaus erkannte ich allmählich, wie sich die Verlustgefühle in meinem Inneren ablagerten, wie sie sich mit anderen Gefühlen überlagerten.

Ray, einer aus der »Wir-halten-zusammen-Clique«, hatte mich gebeten, das jährliche Festessen seiner Ringerriege zu besuchen, das einige Wochen nach Shanes Tod stattfand.

»Mama«, sagte er zu mir, »ich muß dich dabeihaben.« Ich saß neben Rays Mutter, einer bildhübschen jungen Frau. Stolz schauten wir zu, als Ray und seine Kameraden ihre Auszeichnungen erhielten. Doch plötzlich fiel mir ein, daß es keine Festessen mit Shane mehr geben würde, keine Sportereignisse, keine Abschlußfeiern. All meine stillen Träume, die ich als selbstverständlich betrachtet hatte, waren auf einmal zerstört.

Der Ansager beendete die Zeremonie, indem er einem ortsansässigen Mann, der die jungen Ringer trainiert hatte, seinen Dank aussprach; dieser Mann kämpfte tapfer, aber ohne Erfolg, gegen seine Krebserkrankung.

Ich fragte mich, ob diese Menschen wirklich wußten, daß ihnen in einem einzigen Augenblick alles geraubt werden kann; alles, wofür sie gearbeitet haben; alles, was ihnen wichtig ist. Ist ihnen klar, daß sich das Leben selbst dann nicht an die Spielregeln hält, wenn wir sie genau beachten?

Begreifen sie, wie zerbrechlich das Leben im Grunde ist?

Wenige Wochen vor Shanes Tod hatte Nichole eine Statistik aus der Schule mit nach Hause gebracht. »Hast du gewußt, daß noch vor Ende dieses Schuljahres ein Kind, das wir kennen, sterben wird?« fragte sie mich in ihrem allerernstesten Ton.

Das hatte ich nicht gewußt. Und ich hätte nicht im Traum daran gedacht, daß gerade Shane diese Statistik bestätigen würde.

Diese unsichtbare Substanz, die man »Sinn« nennt, war aus meinem Leben entschwunden, und das meiste – die täglichen Anstrengungen und Kämpfe, die Hoffnungen und Träume – erschien mir jetzt unwichtig und überflüssig. Es sah so aus, als wäre das Leben die ganze Mühe nicht wert. Es war töricht, immer wieder neue Versuche zu unternehmen. Die destruktive Kraft, gegen die wir ankämpften, drückte uns offensichtlich zu Boden, und es gab kaum Aussicht auf Besserung.

Wie viele andere Leute auch hatte ich die Zeit in meinem Leben nach bestimmten Ereignissen in Abschnitte eingeteilt: Abitur, Heirat, Kinder, Scheidung. Nun stand alles unter dem Zeichen von Shanes Tod. Das Problem war, daß damit jede Zeiteinteilung aufhörte. Ich hatte das Gefühl, als würde nichts Lohnenswertes mehr kommen.

Welcher Gott, welche Welt, welches Leben mutete einem Menschen solch einen Schicksalsschlag zu? Dieser war in sinnloser Weise tragisch, und durch seine Sinnlosigkeit wie durch seine Tragik wurde mir der Boden unter den Füßen weggezogen, die Grundlage des Vertrauens, der Zauberteppich, auf dem wir sitzen und der uns gestattet, die Widrigkeiten heil zu überstehen – im unbestimmten Glauben, daß trotz Enttäuschung und Leid doch noch alles gut wird, daß das Leben einen Sinn hat und unsere Mühen reichlich belohnt werden.

Die göttliche Ordnung, der himmlische Kalender,

der normalerweise dafür sorgt, daß wir die Ereignisse unseres Lebens abhaken können, schien nicht mehr zuverlässig, sondern willkürlich zu sein – wie geschaffen, um jemand aufs schwerste zu verletzen. Mich hatte es getroffen, und so erlitt ich seelische wie körperliche Qualen – und geistig war ich gar völlig am Ende.

Angesichts dieser ungerechten Sache, die gemeinhin als »das Leben« bezeichnet wird, stieg eine wilde, glühende Wut in mir auf. Ich wollte das Spiel nicht mehr mitspielen. Dabei war es nicht einmal so, daß ich den Glauben an Gott verloren hatte. Irgendwie glaubte ich weiterhin an Ihn, aber dadurch wurde alles noch schlimmer.

Jeden Morgen stieg ich also aus dem Bett und tat dieses und jenes. Ich setzte einen Fuß vor den anderen und ging von einem Zimmer ins nächste – aber nicht, weil ich tapfer oder mutig war, wie Carmen es mir einreden wollte. Nachts träumte ich immer wieder, daß Shane gestorben war. Als ich meine Augen öffnete, durchströmte mich kurz ein Gefühl der Erleichterung, da mir klar wurde, daß es ein Traum war. Doch dann kehrten die Erinnerungen zurück. Ich war wach. Und Shane war tatsächlich tot.

Ich erhob mich jeden Tag – aber nur, um dem Schrecken zu entfliehen, den ich im Liegen empfand.

Nun, auf den Klippen von Maui sitzend, lauschte ich der Brandung, die genauso ungestüm tobte wie die Gefühle in meinem Innern. Sonst hatte mich der zeitlose Rhythmus des Meeres immer getröstet und besänftigt. An diesem Tag aber konnte er nicht an meinen Schmerz rühren. Ich wollte losschreien, kreischen, vom Weltall Wiedergutmachung fordern für all den Schaden, der meinem Sohn, meiner Tochter, mir selbst: meiner ganzen Familie zugefügt worden war.

Statt dessen kratzte ich mit dem Fingernagel an einem Felsen, starrte auf die Wale dort unten. Ich hatte nicht das Gefühl, allein zu sein mit Gott.

Ich fühlte mich vollkommen allein.

Trotz all unserer enormen technischen Möglichkeiten und unserer großen Klugheit leiden die Menschen noch immer seelische Qualen. Ich hatte eine der beiden großen Lieben meines Lebens verloren. Das hat mir das Herz gebrochen. So etwas kann man nicht hören. Und wenn wir unser Herz nicht mehr hören, sind wir taub für die Stimme Gottes.

Ich jedenfalls hörte nur noch eines: meinen Schmerz.

Einige sagen, das Leid sei der Schlüssel zum Paradies.

»Wie man da durchkommt?« hat jemand mal gefragt. »Man bewegt sich langsam vorwärts und versucht einfach, durchzukommen.«

Ich dachte, daß mir das nie gelingen würde – ja daß es mir gleichgültig sei, ob ich durchkäme oder nicht. So weit ich sehen konnte, hatte ich nicht gerade den Schlüssel zum Paradies in der Hand.

Ich war in ein dunkles, unheimliches Meer der Verzweiflung und der Trauer geworfen worden, das so groß und gewaltig war wie der Ozean unter mir, dessen Wellen heranrollten und sich wieder zurückzogen.

Ich erinnerte mich an die Runensprüche auf jenen kleinen, glatten, weißen Steinen, die einige als Vorankündigung dessen betrachten, was unserer Seele im Grunde schon bekannt ist. Wann hatte ich sie vor mir gehabt? In einem anderen, längst vergangenen Leben, wie mir schien; aber es war erst drei oder vier Monate her, daß eine Freundin sie in einem Samtbeutel, den man oben zuziehen konnte, mitgebracht hatte. Versuch's mal, sagte sie. Ich griff vorsichtig hinein und zog zwei dieser Steine heraus.

Wende dich um, und blick auf dein Leben zurück; dann durchschreite das Tor, stand auf dem ersten. *Wenn du diesen Stein herausziehst, wirst du bald schon eine Verwandlung erleben. Und wenn du als nächstes den unbeschriebenen Runenstein ziehst*, warnte der zweite, *kann diese Verwandlung so tiefgreifend sein, daß sie den Tod mit einschließt.*

Ich steckte meine Hand in den Beutel, holte einen dritten Stein hervor und untersuchte ihn sorgfältig von beiden Seiten. Da war nichts zu sehen, keine Botschaft.

Das ist Unsinn, hatte ich fast vorwurfsvoll zu meiner Freundin gesagt. Außerdem glaube ich sowieso nicht dran.

Nun glaubte ich, was mir prophezeit worden war.

Aber ich hatte das Tor nicht durchschritten. Ich war brutal hindurchgestoßen worden.

Sechs

»Wie kann ich dorthin gelangen?« fragte Dorothy.
»Du mußt zu Fuß gehen. Es ist eine lange Reise durch ein Land, das manchmal freundlich und angenehm ist, dann wieder dunkel und schrecklich. Doch will ich alle Zauberkünste anwenden, die ich kenne, um dich vor Schaden zu bewahren.«

Aus: *Der Zauberer von Oz*

Ein Wort mit acht Buchstaben. Im Kreuzworträtsel wird ein anderer Ausdruck für *Teuerstes* gesucht. *Kostspieligstes*? Nein. *Wertvollstes*? Auch zu lang. Ich komme nicht weiter. Am nächsten Tag schaue ich die richtige Antwort in der Zeitung nach.

Ich hätte es wissen müssen.

Liebstes.

. . . .

Nichole und ich luden das Gepäck ins Auto – genügend Sachen für zwei Wochen. Wir wollten drei Tage wegfahren. Es war ein spontaner Ausflug; erst wenige Tage zuvor hatten wir diesen Plan ins Auge gefaßt. Wir würden also von Minneapolis-St. Paul ans nördliche Ufer des Lake Superior fahren, in den dortigen Wäldern ein kleines Häuschen bewohnen und versuchen, Feuer zu machen, obwohl keine von uns beiden wußte, wie so etwas geht. Das war immer Shanes Aufgabe gewesen.

Aber es ging noch um etwas anderes. Angestrengt und verzweifelt bemühten wir uns, ein Versprechen einzuhalten, das wir uns nach Shanes Tod gegeben hatten: unser Zusammenleben neu zu gestalten und eine glückliche Familie aus zwei Personen zu werden.

Seit dem tragischen Ereignis waren inzwischen

neun Monate vergangen, und wir hatten unser Versprechen noch immer nicht erfüllt.

Ich fuhr rückwärts aus der Einfahrt und warf einen kurzen Blick auf unser Haus. Es ist ein Gefängnis, dachte ich. Geräumig zwar, viele Fenster und sehr hell – aber trotzdem ein Gefängnis.

Gerade wollte ich in die Straße einbiegen.

»Eine Sekunde«, sagte Nichole. »Meine Decke klemmt in der Tür fest.«

Ich hielt an. Es dauerte nur eine oder zwei Sekunden, bis sie die Tür geöffnet, die Decke hereingezogen und die Tür wieder geschlossen hatte. Ich ließ den Wagen auf die Straße rollen, fuhr in Richtung Autobahn. Zwei Häuserblocks von unserem Haus entfernt übersah ein Autofahrer ein Stoppschild und schoß über die Kreuzung, auf die wir in diesem Augenblick zusteuerten. Diese Stelle ist sehr unübersichtlich, da sie zwischen mächtigen Häusern aus dem neunzehnten Jahrhundert, zwischen Garagen und hohen Zäunen versteckt liegt. Die Höchstgeschwindigkeit betrug 50 km/h. Der andere aber fuhr wohl mindestens 80 km/h.

»Hast du das gesehen?« fragte Nichole.

»Natürlich, mein Schatz«, sagte ich. »Ich bin noch ganz außer Atem.«

»Aber Mami«, insistierte sie. »Hast du das wirklich mitgekriegt? Ich meine, hätten wir nicht angehalten, um meine Decke aus der Tür zu ziehen, und hätten wir deshalb nicht etwas länger gebraucht, dann wären wir mitten auf der Kreuzung gewesen, als das andere Auto kam.«

Jetzt verstand ich, was sie mir sagen wollte. »Wahrscheinlich wäre es so gelaufen«, erwiderte ich. »Seltsam, wie derartige Dinge doch noch gut ausgehen.«

»Oder auch nicht«, sagte sie.

Eine Zeitlang redete sie über den Unfall, dem wir um Haaresbreite entgangen waren. Für einen Moment hatte ich das Gefühl, daß ihr noch etwas anderes durch den Kopf ging, daß sie mir noch etwas mitteilen wollte. Als ich sie danach fragte, lehnte sie sich in den Sitz zurück und zog die Decke um ihren Körper.

»Ich möchte jetzt schlafen«, sagte sie.

Mir war sehr wohl klar, daß ich sie nicht drängen durfte.

Sie hatte sich an die Tür gekuschelt, und ich schaute zu ihr hinüber. Sie sah blaß und abgespannt aus. Heute morgen hatte sie beim Aufwachen darüber geklagt, daß sie sich nicht wohl fühle, hatte mir aber versichert, dieses Unbehagen sei bestimmt bald überstanden, dann ginge es ihr wieder gut. Ich war skeptisch.

»Liebling, bist du sicher, daß dieser Ausflug für dich das Richtige ist?«, fragte ich sie jetzt.

»Wir sind unterwegs, Mami. Wir werden zusammen ein paar freie Tage verbringen. Fahr weiter«, murmelte sie unter der Decke hervor.

Ich fuhr auf die Autobahn, Richtung Norden. Es

war ein kalter Herbsttag. Der Himmel war grau – wie schon seit langem. Soweit ich mich erinnern konnte, hatte in Minnesota zum letzten Mal die Sonne geschienen, als Shane beigesetzt wurde.

Ich genoß das Gefühl, irgendwohin zu fahren, ein Ziel anzusteuern und etwas zu tun zu haben. Die zurückliegenden Monate waren lang und hart gewesen. Tatenlos hatte ich zugesehen, wie in diesem Haus mein Leben verging, wie es zusammen mit meinen Träumen in den Abfluß sickerte wie kaltes Wasser aus dem Hahn.

Ich vergeudete meine Ersparnisse; im Gegensatz zu früher kümmerte ich mich nicht mehr ums Geld. Ich traf schlechte Entscheidungen, sowohl in persönlicher wie in beruflicher Hinsicht. Ich war zu verletzlich, zu bedürftig, zu emotional. Ich verabscheute diesen Zustand, war aber außerstande, etwas daran zu ändern.

Ich konnte nicht arbeiten, nicht mehr so klar denken, wie es zum Schreiben notwendig ist. Statt dessen verwandelte sich mein Arbeitszimmer in eine Art Schrein, wo ich die Erinnerungsstücke aus vergangenen Tagen ausbreitete, die Andenken an uns drei, Ferienfotos, Shanes Spielsachen – und jene Haarlocke, die ich ihm im Krankenhaus abgeschnitten hatte.

Irgendwann landete auf meinem Schreibtisch das Angebot für ein neues Projekt, und ich beschloß, es anzunehmen. Ein Verleger bat mich, ein kleines Handbuch herauszugeben, in dem erklärt und begründet werden sollte, warum man weitermacht, auch wenn es am besten scheint, dem eigenen Leben ein Ende zu setzen. Ein Durchhaltebuch, wie Scotty es später nannte. Da kannte ich mich aus; es ging um jene kleinen Dinge, die man tut, um den tödlichen Stillstand zu vermeiden.

Eine Weile hatte ich mich der Vorstellung hingegeben, das neue Haus zu unserem Traumhaus zu machen, hatte mit den Handwerkern gesprochen und Änderungspläne erörtert.

Nichts davon wurde verwirklicht. Schon als wir einzogen, war mir klar, daß dieses Haus nicht so werden würde, wie ich es wollte. Aber ich war noch nicht bereit, diese Tatsache zu akzeptieren – und alle Wunschträume, die mit ihm verbunden waren, fahrenzulassen. Deshalb machte ich mir selbst etwas vor. In Wahrheit wußte ich einfach nicht, wohin ich gehen, was ich als nächstes tun sollte. Noch immer blieb mir nichts anderes übrig, als mich durch die Tage zu schleppen. Vorläufig mußte ich also bleiben, wo ich war.

In diesem Haus wie in meinem Leben verging die Zeit auf ganz seltsame Weise – sowohl in der unmittelbaren Erfahrung wie auch in der Erinnerung, die mich nun, da ich die Autobahn entlangraste, in ihren Bann zog. Manchmal hatte ich den Eindruck, als sei ein Tag drei oder vier Tage lang; dann wieder schaute ich auf den Kalender und war überrascht, daß schon ein oder zwei Monate vorbei waren.

Bisweilen wußte ich nicht, ob ich wachte oder träumte. Vielleicht war ich in einen schlimmen Unfall verwickelt, dachte ich. Und ich liege tatsächlich im Koma und träume davon. Aber ich werde aufwachen, und alles wird gut sein – so, wie es immer war. Oder ich dachte, ich hätte nur geträumt. Diese ganze Sache ist ein langer, schrecklicher Traum, der mir eine wichtige Lektion beibringen soll, und ich werde aufwachen und lachen und den Leuten erzählen, was für einen Alptraum ich hatte. Sehnlichst wünschte ich mir, daß es so wäre. Und ich fand heraus, weshalb einige davon sprechen, daß man sich gelegentlich selbst zwicken müsse, um zu spüren, ob man wirklich da ist. Immer wieder habe ich mich gezwickt, aber sogar dann, wenn es weh tat, war ich von meiner Anwesenheit nicht wirklich überzeugt.

Louie rief weiterhin jeden Morgen an. Aber die meisten anderen Freunde, die sich anfangs um mich geschart hatten, waren nun verschwunden. Jahre später ging ich in Laguna Beach einen gewundenen Weg am Meer entlang. Es war ein typisch kalifornischer Wintertag. Überall blühten Rosen. Die Temperatur lag bei etwa 17 Grad. Ich lächelte den Leuten, die an mir vorbeigingen, freundlich zu. Als niemand reagierte, wandte ich mich an Scotty. »Hier sind die Menschen aber unfreundlich. Sie wollen mir nicht mal ein Lächeln schenken«, sagte ich. Er warf mir einen Blick zu. Nach ein paar Schritten dämmerte es mir. Ich trug das lila T-Shirt, das Louie mir geschenkt hatte und auf dem in großen weißen Buchstaben zu lesen war: »Laßt mich in Ruhe«.

Das war also mein jetziger Zustand. Diejenigen, die nicht von selbst gegangen waren, hatte ich weggestoßen. Wie oft, wie viele Tage hintereinander kann man die Frage »Wie geht es dir?« beantworten mit »Nicht gut«? Meine Freunde hatten keine Lust mehr, sich immer wieder das gleiche anzuhören. Und auch ich war der ganzen Sache überdrüssig. Sogar mit Echo hatte ich gestritten und seit Juni nicht mehr gesprochen.

Wenigstens hatten sich auch die Schmarotzer aus dem Staub gemacht, die nach jedem Unglück auftauchen. Das war eine große Erleichterung. Durch meine Bedürftigkeit und Verletzlichkeit hatte ich Leute angezogen, die nicht gerade mein Bestes wollten, sondern mich aufforderten, auf der gepunkteten Linie zu unterschreiben, einen Scheck auszustellen, *ihnen* Vertrauen zu schenken. Meine Kraft, sie zu vertreiben, hatte nachgelassen, weil ich mir selbst nicht mehr vertraute – oder weil mich alles kaltließ. Aufgrund der leeren Stelle in meinem Herzen war ich noch nicht fähig zu erkennen, welche Menschen und Dinge darin Platz haben sollten und welche nicht. Ich besaß weder das Urteilsvermögen noch die Stärke, noch die Vitalität, um für mich selbst einzutreten. Als mir klar wurde, daß ich mich auf mein Urteil nicht verlassen konnte, hielt ich mir fast jeden vom Leib – jene, die mich liebten, genauso wie die Schmarotzer.

Auch zu Gott sprach ich viel weniger als früher. Was hätte ich Ihm denn sagen sollen? War nicht die göttliche Vorsehung für dieses Unheil verantwortlich? Wie konnte ich die gleiche Macht, die so etwas zugelassen hatte, darum bitten, mich wieder gesund zu machen? Aus welchem Grund hätte ich mir dies wünschen sollen? Ich führte einen kalten Krieg gegen Gott.

Mein Leben war fast zum Stillstand gekommen.

Ich war wütend auf mich selbst, weil ich mit all dem nicht leichter fertig wurde, weil ich meinen Kummer nicht besser bewältigte. Aber ich tat mein Bestes – ging in die Therapie, zur Massage, in Selbsthilfegruppen, sofern ich andere Menschen um mich haben konnte, und unternahm ausgedehnte Spaziergänge. Diesen Tätigkeiten war es wohl zu verdanken, daß ich am Leben blieb; aber kein Mittel war stark genug, um meinen Schmerz zu beseitigen. Nichts konnte mich dazu bringen, dem Leben wieder mit Interesse und Anteilnahme zu begegnen. Mir war völlig schleierhaft, was ich sonst noch hätte tun können. Mein Therapeut hatte mir daher eine besondere Übung empfohlen: Ich sollte zwei Stunden lang mit verbundenen Augen durchs Haus gehen. Also war ich von Zimmer zu Zimmer gestolpert, ohne zu wissen, gegen welchen Gegenstand ich stoßen, wo mein Fuß landen oder was als nächstes nach mir schnappen würde. Und genau so fühlte ich mich meistens auch – nämlich blind, haltlos und verängstigt.

Einige Jahre später hörte ich folgende Geschichte: Ein Mann reiste zum ersten Mal nach Istanbul. Auf dem Weg zu einer geschäftlichen Verabredung verirrte er sich plötzlich. Erzürnt darüber, wetterte er so lange gegen sich selbst, bis er schließlich einsichtig wurde und seine Wut zügeln konnte: »Wie kann ich sagen, ich hätte mich verlaufen? Ich bin ja noch nie hier gewesen.«

Auch ich war in einem fremden Land und versuchte, den richtigen Weg zu finden. Es bescherte mir ungewohnte Gefühle, die ich nicht zu entschlüsseln vermochte. Ich verstand diese Welt nicht, aber trotzdem wurde mir eines allmählich klar: Zumindest jetzt durfte ich mich an niemanden fester binden.

Mit der Zeit hatte ich mir angewöhnt, das Kreuzworträtsel in der Tageszeitung zu lösen, obwohl mir das früher nie in den Sinn gekommen wäre. Anfangs bekam ich kein einziges Wort heraus. Aber nach und nach begriff ich, worum es ging.

Nachdem ich einmal das ganze Kreuzworträtsel vom Sonntag gelöst hatte, stieß ich einen Schrei aus. Nichole kam ins Zimmer gestürmt, fragte, was passiert sei. »Ich hab's geschafft!« rief ich. »Ich hab' alle Wörter herausgefunden!«

Es war sechs Uhr abends. Ich saß immer noch im Pyjama da. Nichole musterte mich von oben bis unten, sagte, sie habe den Eindruck, daß ich mich immer mehr gehen ließe, und empfahl mir, wieder lebendig zu werden.

»Aber das bin ich doch«, sagte ich. »Nur ist das Leben im Moment nicht gerade sehr angenehm.«

Kreuzworträtsel zu lösen war eine angenehme Ablenkung. So hatte ich die Möglichkeit, meinen Kopf zu benutzen, wenigstens ein klein wenig nachzudenken.

Langsam wurde mir klar, daß ein bestimmter innerer Rhythmus notwendig war, um diese Rätsel zu knacken. Wenn ich mir zuviel Mühe gab, mich zu sehr anstrengte, kam ich der Lösung nicht näher. Vielmehr mußte ich mich entspannen und in aller Ruhe auf die richtige Antwort warten. Auf die gleiche Weise würde ich auch meinen neuen Lebensrhythmus finden.

Einen Tag, nachdem ich das ganze Kreuzworträtsel gelöst hatte, war mir ganz seltsam zumute. Ich konnte fast spüren, wie Shane direkt neben mir stand. Dieses Gefühl war so stark, daß ich anfing zu weinen – denn ich glaubte wirklich, wir wären wieder zusammen. Mir fiel ein, daß er, seit er buchstabieren und schreiben konnte, sich ständig mit Kreuzworträtseln beschäftigt hatte. Erstaunt fragte ich mich, ob dies die Ursache meiner neuen Leidenschaft war.

Nein, sagte ich mir. Das ist Unsinn. Viel zu mystisch für einen Menschen wie mich. Ich will doch bei den Tatsachen bleiben.

Jeden Tag las ich die Todesanzeigen – auch das hatte ich früher nie getan. Mir wurde etwas bewußt, das ich sonst nie richtig wahrnehmen wollte – daß nämlich tagaus, tagein Menschen jeden Alters aus den unterschiedlichsten Gründen sterben. Einige Leute sagten, ich sei morbid. Ich sah das nicht so. Vielmehr setzte ich mich mit dem Tod auseinander, um ihn besser zu begreifen. Es stimmte mich traurig, wenn ich las, daß Kleinkinder oder junge Menschen gestorben waren; deren Eltern und Angehörige taten mir furchtbar leid. Und es überraschte mich, daß jeden Tag so viele Leute im vierten oder fünften Lebensjahrzehnt von uns schieden, die doch angeblich im besten Alter waren, nun aber Familie und geliebte Wesen zurückließen.

Außerdem stellte ich fest, daß einige mehr als hundert Jahre alt wurden.

Diese Lebensspanne, die jedem von uns gewährt wird, ist doch etwas Seltsames, dachte ich.

Die Musik half mir – manchmal mehr als Reden. Es kam vor, daß ich mir wieder und wieder die gleichen Lieder anhörte, bis die Melodie mich und meine Gefühle weit forttrug. Nichole wurde langsam ärgerlich auf mich.

»Du hast dieses Lied jetzt vierhundertmal gespielt«, sagte sie. »Ich habe es gründlich satt!«

Dann ließ sie sich neben mir nieder und hörte ebenfalls zu.

Bisweilen setzten wir uns ans Klavier, spielten und sangen gemeinsam:

Wenn die Nacht hereinbricht und das Land im Dunkel liegt,
Wenn wir nur den Mond seh'n, unser einz'ges Licht –
Nein, ich hab' keine Angst, nein, ich hab' keine Angst,
Solang du bei mir bist, solang du bei mir bist.

Dann wieder weinten wir zusammen. Aber sie haßte meinen Schmerz, haßte ihn wie die Pest.

Als ich zu Nichole hinüberblickte, die neben mir im Auto schlief, wollte ich nicht wahrhaben, daß ich auch sie allmählich verlor. In letzter Zeit hatten wir uns immer häufiger gestritten, und es war fast unmöglich, friedlich nebeneinander zu leben. Ständig schwänzte sie die Schule und weigerte sich, irgendwelche Hausaufgaben zu machen. In den meisten Fächern hatte sie »mangelhaft« oder »ungenügend« oder kam gerade so durch. Außerdem mochte ich die neuen Freunde nicht, mit denen sie sich jetzt herumtrieb. Sie waren nicht wie die aus der »Wir-halten-zusammen-Clique«, sondern unzufrieden und schlecht gelaunt, manchmal sogar ausgesprochen unverschämt mir gegenüber. Zunächst hatte ich versucht, Nichole den Umgang mit ihnen zu verbieten, aber das war zwecklos.

Das Leben hatte sich nicht an die Spielregeln gehalten – warum also sollten wir es tun? Was hätte uns das genützt?

Jede von uns beiden trieb auf einem kalten, finsteren Meer und war unfähig, der anderen zu helfen, mehr zu tun, als um das eigene Leben zu schwimmen. Ab und zu hoben wir den Kopf aus dem Wasser, streckten die Hände aus, um einander zu berühren und zu sagen, daß wir uns lieb haben. Eben deshalb hatten wir diesen Ausflug unternommen – um uns wieder näher zu sein.

Es machte mich äußerst wütend, daß Nichole diesen Schmerz durchleiden mußte. Und ich war unglaublich böse darüber, daß auch ich mein Kreuz zu tragen hatte.

Irgendwann wird sich herausstellen, daß dieser Schrecken auch seine positiven Seiten hat, wollten Freunde mir einreden, ohne recht daran zu glauben. Welche denn? fragte ich mich. Du wirst etwas dazulernen, sagten sie. Was denn? fragte ich mich.

Mitgefühl vielleicht. Ich spürte, wie es manchmal in Wellen durch mich hindurchströmte – und wie ich mich plötzlich dagegen sträubte, andere Menschen wegen ihres Tuns oder wegen ihrer Vorgehensweise zu verurteilen.

Ja, ich hatte nun wirklich Respekt vor dem Leid, das sie erdulden mußten.

Aus der Ferne konnte ich erkennen, daß ich, zaghaft noch, in eine andere Richtung ging, daß sich allmählich neue Lebensphasen abzeichneten. Louie hatte Ahmos, seinen Manager, geschickt, der die Trümmer meiner beruflichen Existenz wieder zusammensetzen und meine schwierige finanzielle Situation bereinigen sollte.

Aber ohne meine Mithilfe waren Ahmos die Hände gebunden. Zudem hatte ich nicht das geringste Interesse, eine Arbeit in Angriff zu nehmen.

Wir kamen jetzt in eine kleine Stadt namens Duluth, und ich hielt vor einer Tankstelle. Nichole wachte auf. Sie sah jetzt noch kränker aus. Ich befühlte ihre Stirn: sie war heiß, glühte regelrecht. Also studierte ich die Landkarte; es waren drei Autostunden bis nach Hause, eine Autostunde bis zu unserem Ziel. Ich entschloß mich, weiterzufahren und sie dort dann gleich ins Krankenhaus zu bringen. Anscheinend mußte sie mit Antibiotika behandelt werden.

Ich fuhr die dunkle, gewundene Straße entlang, die um das westliche Ufer des Lake Superior führt. Inzwischen hatte der Nebel die Landschaft eingehüllt. Nichole war wieder eingeschlafen. Um sie nicht zu stören, ließ ich das Radio ausgeschaltet. So leise wie möglich sang ich Lieder vor mich hin, die ich von früher her kannte: »Kumbayah, my Lord, kumbayah«; »East side, west side, all around the town«; »Amazing grace, how sweet the sound«.

Ich fuhr auf den Parkplatz vor dem Eingang zur Notaufnahme. Die Zeit war im Nu vergangen. Der Arzt diagnostizierte eine Halsentzündung. Als Nichole vor mir auf dem Untersuchungstisch lag, griff sie nach meiner Hand.

»Mama, einige Leute meinen, daß solche Dinge, wie wir sie erlebt haben, mit der Zeit besser werden.

Aber sie wissen nicht, daß in mancher Hinsicht alles schlimmer wird. Ich vermisse Shane von Tag zu Tag mehr.«

Nachdem Nichole ihr Rezept erhalten hatte, machten wir uns auf den Weg zu dem kleinen Häuschen. Dort legten wir uns ein paar Stunden schlafen, wollten aber schnell wieder zurückkehren. Unser Ausflug war mißglückt, doch wir hatten es wenigstens versucht. Als wir dann in Minneapolis in unsere Einfahrt fuhren, deutete ich auf den Garten hinterm Haus.

»Schau doch«, sagte ich. »Hast du so etwas schon mal gesehen?«

Der Garten war voller Raben, deren Gefieder bläulichschwarz glänzte.

»Was bedeutet das deiner Meinung nach?« fragte ich meine Tochter.

»Daß uns die Augen ausgehackt werden?« fragte sie zurück.

»Nein«, erwiderte ich. »Im indianischen Medizin-Tarot haben Raben eine tiefere Bedeutung. Nur fällt sie mir im Moment nicht ein.«

»Mama, du bist mir unheimlich«, sagte sie.

Nachdem wir unsere Koffer ausgepackt hatten, suchte ich in meiner Bibliothek nach dem Buch über das indianische Medizin-Tarot. Irgendwo zog ich es heraus und schaute unter »Raben« nach. Dort stand: Tiefer eindringen in die Leere, um mehr über die magische Kraft des Lebens zu erfahren.

Es gab zwei Dinge, die ich nicht verstand. Wie

konnte ich noch tiefer in die Leere eindringen? Und wie sollte das Leben, das ich führte, je wieder magische Kraft besitzen?

Später am Abend schmiegte Nichole sich an mich. »Mama, es war so schön, als du im Auto gesungen hast. Das gefiel mir wirklich sehr.« Ich schaute sie an und lächelte zärtlich. Ich dachte, sie hätte geschlafen. Ich wußte nicht, daß sie mich gehört hatte.

Sieben

»Dein Kampf beginnt gerade erst. Manchmal wird niemand hören wollen, was du alles durchmachst. Du mußt lernen, eine schwere Last zu tragen, und die meisten Kenntnisse wirst du dir ohne fremde Hilfe aneignen müssen. Hab keine Angst, wenn die anderen dich im Stich lassen. Ich bin sicher, du wirst alles heil überstehen.«

Ron Kovic: *Geboren am 4. Juli*

Ich liege auf dem Massagetisch und lausche dem Radio, das leise im Hintergrund läuft. Christopher mißt den Puls in meinen beiden Handgelenken mit der Geschicklichkeit eines Geigenvirtuosen, der auf einer Stradivari spielt. Er ist ein Amerikaner, der die traditionelle chinesische Medizin, die uralte Kunst der Akupunktur, praktiziert. Er sticht die feinen Nadeln sanft in meine Haut und verbindet die Punkte durch das Ch'i, jene schöpferische Kraft, die nach chinesischer Auffassung die gesamte Natur, ob belebt oder unbelebt, durchdringt. Eine Zeitlang war ich Teil der unbelebten Natur.

Nach der Behandlung fahre ich in die Fremont Avenue und parke vor dem Haus. Ich bleibe untätig im Wagen sitzen, verspüre nicht den Wunsch, auszusteigen und hineinzugehen. Es ist der Tag der Wintersonnenwende, auf den die längste Nacht des Jahres folgt, ehe dann das Licht allmählich, aber unaufhaltsam wiederkehrt und die Tage länger werden.

Dieses Haus war gleichsam die Wintersonnenwende meines Lebens.

....

Ich saß im Flughafen von Chicago und wartete auf meinen Weiterflug nach Minneapolis. Es waren noch zwei Tage bis Weihnachten. Ich hatte ein wenig Werbung gemacht für mein neues Buch; wie schon erwähnt, geht es darin um das Problem, *nicht* Schluß zu machen, auch wenn man am Leben verzweifelt. Dennoch fühlte ich mich jetzt frustriert. Die meisten Leute verstanden einfach nicht, was »Schluß machen« eigentlich bedeutet. Sie dachten, man müßte sich nur mit einer Rasierklinge die Pulsadern aufschneiden, um alles zu beenden. Gewiß, auf diese Weise macht man Schluß. Aber es gibt noch eine andere, eher passive Art, dies zu tun, eine, die noch viel mehr schmerzt. Es ist nämlich gar nicht notwendig, Hand an sich zu legen; man kann sich endgültig verabschieden, indem man alles aufgibt – das Leben, die anderen Menschen, sich selbst.

Auf dem Flug von West Virginia nach Chicago war ich unruhig, ja aufgewühlt gewesen. Ich dachte, das sei auf den ganzen Werberummel und das Fliegen zurückzuführen. Aber als ich nun auf mein Flugzeug wartete, wußte ich, daß es noch einen anderen Grund gab. Ich beobachtete die Leute, die in der Wartezone saßen, Zeitung lasen, mit ihren Nachbarn plauderten und einfach immer so weiterlebten. Ich sah, wie andere trippelnd oder schlurfend den Flugsteig entlanggingen. Ich schaute zu, wie das Leben ohne mich weiterging.

Plötzlich stieg eine kalte Wut in mir auf. Ich wollte einen Stuhl nehmen und ihn durch die Glasscheibe schleudern. Nein, eine ganze Stuhlreihe. Diese Wut war so heftig, so ohne jede Rücksicht, daß ich alles kurz und klein schlagen wollte. Ich fragte mich, ob Leute, die wie die Berserker toben, oder Amokläufer sich wohl genauso fühlen. Ich überquerte den Gang in Richtung der Reihe mit Telefonen und wählte die Nummer der Beratungsstelle, wo man mir schon einige Male geholfen hatte.

»Ich brauche für heute abend einen Termin«, sagte ich. »Kann ich vom Flughafen aus kurz vorbeikommen?«

Bis ich dort ankam, war das Gefühl, das mich am Flughafen übermannt hatte, dem Trübsinn und der Betäubung gewichen. Ich konnte mich an den Wutanfall zwar erinnern, ihn aber nicht mehr fühlen.

Es war schon dunkel, als ich mein Wohnviertel erreichte. Die Anwohner hatten die Straße mit Holzböcken abgesperrt. Fünfzehn oder zwanzig Personen, dick eingehüllt in Winterkleidung, hatten sich um ein kleines Lagerfeuer auf der Straße versammelt. Die übliche Weihnachtsfeier der Nachbarn. Ich parkte einen Block weiter und schlich mich durch die Hintertür ins Haus.

Drinnen war es finster und kalt. Nichole war nicht da. Ich ging ins Wohnzimmer. Der offene Kamin war mit ein Grund, warum ich mich für dieses Haus entschieden hatte, dachte ich. Und jetzt weiß ich nicht einmal, wie man Feuer macht. Dafür war immer Shane zuständig gewesen.

Ich setzte mich, betrachtete den halb geschmückten Christbaum, jenen Zauberbaum vom letzten Jahr. Jetzt erschien er mir überhaupt nicht mehr zauberhaft. Unter ihm lagen zwei Geschenke, kleine Aufmerksamkeiten von mir für Nichole. Wir hatten beschlossen, das Weihnachtsfest diesmal so weit wie möglich in den Hintergrund zu drängen.

Ich fragte mich, wohin dieser Teil von mir entschwunden war, der an den Weihnachtsmann, an das Magische glaubte. Meine Gedanken schweiften zu einer anderen Weihnacht, die zehn Jahre zurücklag. Damals lebten wir, völlig mittellos, in dem alten gelben Haus auf der Pleasant Avenue. Die Kinder waren noch klein – Nichole dürfte nicht älter als sechs gewesen sein. Ich hatte einen dürren, ärmlich wirkenden Weihnachtsbaum gekauft. Wir besaßen nichts, womit wir ihn hätten schmücken können, also beschlossen die Kinder und ich, selbst etwas zu basteln. Wir nahmen Wasserfarben, malten, so gut es ging, Zinnsoldaten und Rentiergesichter auf große Wäscheklammern, die wir dann an den Zweigen befestigten. Ein paar Kinder aus der Nachbarschaft kamen zu uns herüber. Wir zogen Popcorn und Preiselbeeren auf Schnüre und hängten sie in den Baum. Wir hatten wirklich nicht viel, aber an jenem Weihnachtsfest war alles von einem großen Zauber erfüllt.

»Ihr müßt einmal lauschen«, sagte ich zu den Kindern. »Seid ganz still. Ich glaube, ich kann sie hören.«

Ihre Augen wurden ganz groß.

»Schlittenglocken«, sagte ich. »Könnt ihr sie hören?«

Megan lächelte mich an, strahlte. Sie hatte einen Bubikopf und ein Gesicht voller Sommersprossen: »Ich glaub', ich hör' sie«, flüsterte sie.

Vielleicht hat sie, vielleicht haben wir alle die Glocken bimmeln hören. Aber sieben Jahre später, im Alter von fünfzehn Jahren, beging sie Selbstmord.

Wie, in Gottes Namen, kann dieses Leben, diese Welt nur so sein? dachte ich. Wie kann das Leben im einen Augenblick so wunderbar und atemberaubend rein sein – und im nächsten derart tragisch, unerträglich, herzzerreißend, grausam, schmerzlich? Und die Leute empfinden dies alles als angenehm?

Ich betrachtete die drei Strümpfe, die am Rauchfang hingen, schaltete das Licht aus und verließ das Zimmer.

Als Nichole kurze Zeit später nach Hause kam, saß ich gerade vor der Anrichte in der Küche. Ich schaute sie an, und sie schaute mich an.

»Frohe Weihnachten«, sagte ich.

»Ja, genau«, erwiderte sie.

Ich stand auf und schnappte meinen Mantel. »Komm. Wir müssen hier raus.«

Ich fuhr zu einem nahegelegenen Einkaufszentrum. Dort wanderten wir herum, schauten uns die Schaufensterdekorationen an und setzten uns dann eine Weile neben den riesigen Weihnachtsbaum, der bei der Rolltreppe stand. Nichole stupste mich in die Seite.

»Schau doch, Mami«, sagte sie und zeigte nach oben zur Rolltreppe. »Da kommt Echo!«

Sie fuhr nach unten, bewegte sich langsam auf mich zu. Sie hatte den Kopf in die andere Richtung gedreht, blickte zur gegenüberliegenden Seite des Einkaufszentrums. Wann hatten wir zuletzt miteinander gesprochen? Ich wußte es nicht mehr. Sie trat auf den Absatz der Rolltreppe und ging davon.

»Geh ihr nach«, sagte Nichole.

Ich rührte mich nicht von der Stelle.

»Los, sprich mit ihr, Mama. Das ist doch kindisch.«

Ich schüttelte den Kopf. »Ich kann nicht.«

Nichole begann, auf mich einzureden, mich zu schelten. Musik plärrte aus den Lautsprechern, und ich hörte das Stimmengewirr um mich herum.

»Melody. Sie sind doch Melody, nicht wahr?«

Das Gesicht der Frau kam mir irgendwie bekannt vor. Ich sollte sie kennen, dachte ich. Aber ich kann mich beim besten Willen nicht mehr an sie erinnern.

Sie nannte mir ihren Namen. »Mein Mann arbeitete früher mit Ihrem Ex-Mann zusammen«, sagte sie. Dann fragte sie mich, wie es mir gehe.

»Nun«, antwortete ich, »ganz gut. Es ist schwer …«

Wir redeten über dieses und jenes, dann war ich mit meiner Kraft am Ende. »Es war schön, Sie wiederzusehen«, sagte ich.

Ich wandte mich Nichole zu. »Gehen wir und suchen den Weihnachtsmann.«

Ich wollte mich erheben, sah aber, daß die Frau mich immer noch anstarrte, mich so seltsam betrachtete. Es dauerte einen Moment, bis ich mich ihrem Blick entziehen und endlich aufstehen konnte. Nichole und ich eilten davon.

Der Weihnachtsmann nahm uns auf den Schoß. »So«, sagte er, »jetzt erzählt mir mal, was ihr beide euch dieses Jahr zu Weihnachten wünscht.« Ein Licht blitzte auf. Wir stiegen herunter, standen mit anderen in einer Reihe und warteten auf unser Foto.

Nichole betrachtete es und schüttelte den Kopf. »Soll man etwa auf dem Schoß des Weihnachtsmanns sitzen und weinen?« fragte sie.

»Manchmal, mein Schatz«, erwiderte ich.

Ich wünschte mir nur eines zu Weihnachten – und für mein Leben. Aber das bekam ich nicht, weder jetzt noch irgendwann später. Und wenn mir dieser Wunsch nicht erfüllt wurde, dann wollte ich überhaupt nichts haben. Laß einfach los, sagte ich oft zu mir. Laß einfach los. Nun, diesmal gelang es mir nicht. Ich versuchte es auch gar nicht. Aber vielleicht kann man manchmal erst dann etwas loslassen, wenn man sich noch fester daran klammert.

Die Ferien neigten sich dem Ende entgegen; die Zeit vergeht einfach immer. Aber in den folgenden Wochen verließ mich jene unsichtbare Kraft, die mich bis dahin befähigt hatte, aufzustehen und wenigstens den Eindruck zu erwecken, daß ich meinen Verpflichtungen nachkam. Immer häufiger flüchtete ich mich ins Bett und blieb dann den ganzen Tag dort. Ich war einfach nicht imstande, mich zu erheben und irgendwelche Dinge zu erledigen.

Ich war des ewigen Kampfes müde. Ich ging nicht mehr zur Massage. Ich konnte es nicht ertragen, berührt zu werden. Und ich hatte aufgehört, Kreuzworträtsel zu lösen.

Während dieses ganzen Martyriums hatte ich den Versuch unternommen, trotz allem den Augenblick zu leben, den Kontakt zu meinen Gefühlen nicht abbrechen zu lassen, und alle Stimmungen, die ich sowieso nicht verhindern konnte, bewußt wahrzunehmen. Obwohl ich von Nebel eingehüllt und voller Zweifel war, hatte etwas in mir immer noch daran geglaubt, daß ich irgendwo das rettende Ufer erreichen, daß ich irgendwann wieder Land unter den Füßen haben würde, wenn ich nur ausharrte und weiterhin über dieses dunkle Meer schwamm. Inzwischen hatte ich auch diesen Glauben verloren. Es gab keine Unterweisungen oder Ratschläge mehr, an die ich mich hätte halten können. Es gab kein Durchkommen, kein Herumkommen, kein Entkommen.

Ich hatte die Fähigkeit eingebüßt, die Schultern zu straffen, mich nicht unterkriegen zu lassen, aufzustehen und weiterzumachen, egal wie. Mein kämpferischer Geist hatte mich im Stich gelassen, und ich wußte nicht, auf welche Weise ich ihn wiedererlangen sollte.

Allmählich hatte ich Wachträume, Visionen. In diesen sah ich meinen eigenen Grabstein.

»Mami, steh auf«, sagte Nichole, während sie eines Abends an meine Schlafzimmertür klopfte. »Michael ist da; er möchte dich gerne sehen.«

Mühsam bewegte ich mich aus dem Bett. Michael ist Echos Bruder. Wie lange hatte ich ihn nicht gesehen? Wann hatte ich überhaupt das letzte Mal einen Menschen zu Gesicht bekommen? Ich schlüpfte in den Morgenrock und ging nach unten; bot ihm etwas zu trinken an, goß mir ein Glas Wasser ein und setzte mich. Ich fragte: »Wie geht es dir, was machen die Kinder?«

Er begann zu sprechen, hielt dann aber inne. Durch die Nebelschleier, die mich umgaben, konnte ich erkennen, daß er mich anschaute – genauso wie jene Frau im Einkaufszentrum.

»Mensch, Mädchen«, sagte er, »du hast überhaupt keine Lebenskraft mehr in dir. Du bist in dieser Sache wirklich bis zum Äußersten gegangen. Aber vielleicht hast du dich zu weit vorgewagt.«

»Was meinst du?«

»Du bist in großen Schwierigkeiten«, sagte er. »Du siehst aus, als wärst du schon nicht mehr unter uns. Wenn du nichts dagegen tust, wirst du sterben, fürchte ich.« Er machte eine kleine Pause. »Und zwar bald.«

Seine Worte waren ein Schlag ins Gesicht; sie taten mir weh. Jetzt verstand ich, warum er und die Frau mich so angesehen hatten. Es war der starre Blick auf einen toten Menschen.

An diesem Abend redete ich ein wenig mit Michael, aber es fiel mir schwer, mich richtig auszudrücken. Ich konnte kaum glauben, daß sich all dies tatsächlich vor meinen Augen abspielte – und daß innerhalb eines Jahres die beste Zeit meines Lebens in jene Dunkelheit übergegangen war, in der ich meinen Sohn, meine Familie, meine Arbeit verloren hatte. Und nun sah es ganz danach aus, als würde ich auch noch mich selbst verlieren.

Es war nicht so, daß ich unbedingt sterben wollte. Vielmehr fühlte ich mich zerrissen, auf fürchterliche, unerträgliche und gewaltsame Weise in tausend Stücke geteilt. Inmitten eines tiefen, dunklen Flusses versuchte ich mich durch schnelles Treten über Wasser zu halten. Auf jeder Seite stand eines meiner Kinder, das mich rief, und ich wußte nicht, in welche Richtung ich schwimmen sollte.

Am nächsten Tag *mußte* ich ganz einfach aufstehen. Ahmos, mein Manager, war in die Stadt gekommen. Er benutzte mein Arbeitszimmer, um dort mit verschiedenen anderen Leuten Sitzungen abzuhalten. An einigen dieser Zusammenkünfte nahm ich teil, ohne mich jedoch richtig darauf konzentrieren zu können. Michaels Worte gingen mir immer noch nach.

Ich darf nicht sterben. Ich kann Nichole nicht allein zurücklassen, dachte ich. Ich liebe sie über alles. Nach all dem, was geschehen ist, kann ich ihr das jetzt nicht antun. Ich hatte schreckliche Angst und war wie gelähmt, wußte nicht, was ich tun sollte. Ich hatte doch alles versucht, was in meiner Macht stand …

Die Tür zum Arbeitszimmer flog auf, meine innere Zwiesprache wurde genauso unterbrochen wie die geschäftliche Unterredung. Nichole stolzierte herein. »Was macht ihr denn hier?« fragte sie.

»Warum bist du schon von der Schule zu Hause?« erwiderte ich. »Es ist mitten am Tag.«

»Warum bist du schon aufgestanden?« fragte sie zurück. »Es ist mitten am Tag!«

»Geh raus«, befahl ich im strengsten mütterlichen Ton.

»Gut, ich geh'«, sagte sie und verließ türenschlagend den Raum.

Ich entschuldigte mich, rannte hinter ihr die Treppe hinauf und folgte ihr ins Schlafzimmer. Sie ließ sich aufs Bett fallen, nahm den Hörer ihres Telefons ab und wählte eine Nummer.

»Leg auf«, sagte ich.

Sie verdrehte die Augen.

»Sprich ja nicht mehr so mit mir«, sagte ich. »Weder vor anderen Leuten, noch wenn wir allein sind.«

»Geh raus«, sagte sie. »Das hier ist mein Zimmer.«

Ich näherte mich dem Bett. »Ich werde nicht gehen. Wir werden uns über diese Sache unterhalten.«

Die Diskussion brachte nichts. Ein Wort gab das andere. Ich weiß nicht mehr, wie der Streit eskalierte. Ich kann mich nur noch erinnern, daß ich dann auf ihr saß. Sie ist ungefähr fünfzehn Zentimeter größer und fast dreißig Pfund schwerer als ich – und da lag sie nun, unter mir, während ich sie mit aller Kraft gegen das Bett drückte.

»So geht es nicht weiter«, schrie ich. »Du darfst dich nicht mehr so hängenlassen. Du mußt dein Leben wieder in die Hand nehmen.«

Sie schaute mich an.

»Und was ist mit dir?« erwiderte sie.

Ihre Worte brachten mich zur Räson. Ich stand auf. Habe ich etwa den Verstand verloren? fragte ich mich auf dem Weg nach unten. Als ich am Arbeitszimmer vorbeikam, wollte Ahmos wissen, ob alles in Ordnung sei.

»Ja«, antwortete ich.

»Mutter-Tochter-Probleme?« fragte jemand aus der Runde.

»Genau«, sagte ich. »Mutter-Tochter-Probleme.«

Ich zog mich in mein Schlafzimmer zurück, schloß die Tür und setzte mich auf die Bettkante. Nicholes Worte gingen mir nicht mehr aus dem Kopf. Ich dachte: Und was ist mit mir? Nehme ich mein Leben etwa in die Hand? Wie kann ich von ihr erwarten, etwas zu tun, wozu ich selbst nicht imstande bin? Aber was soll ich denn tun? Wenn man alles versucht hat und nichts funktioniert – was bleibt dann noch? Ich wußte mir keinen Rat mehr.

Das Gespräch zwischen uns war ganz harmlos gewesen. Aber jetzt, ganz plötzlich, mußte ich immer wieder daran denken. Der Mann hatte im Flugzeug neben mir gesessen, hatte während des Starts höflich mit mir geplaudert. Er sprach über seine Geschäfte, seine Frau, seine Kinder, sagte dann, das Leben sei einfach wunderbar. Trotzdem habe er letztes Jahr ganz schön Angst gehabt. Der tägliche Trott, ja das ganze Leben sei ihm immer langweiliger geworden. Allmählich habe er sich gefragt, ob sich all die Mühe überhaupt lohnt. Einen Monat später erkrankte er an der Gallenblase; es stellte sich heraus, daß sie entfernt werden mußte. Dann bekam er eine Bauchfellentzündung. Ehe er wußte, wie ihm geschah, stand ein Priester neben seinem Bett und gab ihm die Letzte Ölung. Als er das Schlußgebet vernahm, schoß ihm ein Gedanke durch den Kopf, und er traf eine Entscheidung. Er wollte noch nicht sterben. Er wollte leben. Innerhalb einiger Stunden klang seine Krankheit ab, und er wurde wieder gesund.

Ich konzentrierte mich, um mir seine Worte in Erinnerung zu rufen – insbesondere jene, die vom Lebenswillen handelten. Der Lebenswille, hatte er gesagt, kann manchmal stärker sein als alles andere und somit noch das größte Unglück »außer Kraft setzen«.

Nachdem Ahmos und seine Kollegen weg waren, ging ich in mein Arbeitszimmer und schaltete den Computer ein. Gegen meinen Schmerz konnte ich nicht viel tun. Ich war ihm ausgeliefert, zumindest eine Zeitlang, vielleicht auch für immer. Und ich wußte nicht, worin die Wahrheit all dieser Lektionen, dieses Lebens und des nächsten lag. Aber eines war mir klar: So wollte ich nicht von hier fortgehen. Meine trüben und nebulösen Gedanken überwindend, schrieb ich zwei Briefe. Der erste war eine Art Vereinbarung.

»Gott, ich bin immer noch böse auf dich und überhaupt nicht zufrieden. Aber mit diesem Brief sage ich bedingungslos ja zum Leben, zum Dasein und zur

Vitalität, solange ich hier bin – egal, ob mir noch zehn Tage oder weitere dreißig Jahre gegeben sind. Daran halte ich mich – ungeachtet aller anderen Menschen und ihrer Beziehungen zu mir sowie ungeachtet aller Dinge, die mir widerfahren werden. Diese Verpflichtung besteht zwischen mir, dem Leben und Dir. Und auch wenn ich im Moment nicht sicher bin, ob ich wirklich leben möchte, so habe ich doch den Wunsch dazu. Hilf mir, wieder lebendig zu werden. Bitte.«

Ich druckte diese Vereinbarung aus, datierte, signierte sie und legte sie dann in meinen Tresor.

Der zweite Brief entsprang einer nachträglichen Überlegung, die aus meinem Innersten kam und sich mir geradezu aufdrängte.

»Ich weiß nicht, wer Du bist«, schrieb ich, »wo Du bist oder ob Du überhaupt bist. Im Laufe der Jahre habe ich viel über Dich nachgedacht, mich gefragt, wie Du wohl aussiehst und wie Du heißt. Ich habe nach Dir gesucht, habe in der Menge Ausschau gehalten nach Deinem Gesicht und mich gefragt: Ist er da? Ist mein Seelenpartner in diesem Zimmer? In dieser Stadt? Nicht, daß ich ungeduldig wäre. Viele Jahre bin ich allein gewesen. Aber es ist nun an der Zeit. Ich brauche Deine Hilfe, brauche Dich. Wenn du da draußen bist, dann komm jetzt bitte.«

Ich schaltete den Computer aus, ging ins Wohnzimmer hinunter und betrachtete den Kamin.

Vielleicht konnte ich ja lernen, meine eigenen Feuer zu entzünden.

Acht

Man kann sein Verhalten nicht auf die Vorstellung gründen, daß alles determiniert ist … Statt dessen muß man sich die wirksame Theorie zu eigen machen, daß man einen freien Willen hat und daß man für die eigenen Handlungen verantwortlich ist. Ist alles determiniert? Die Antwort lautet: Ja, dem ist so. Aber es könnte genausogut auch nicht so sein, weil wir niemals wissen können, was determiniert ist.

Stephen Hawking: *Einsteins Traum*

Am Santa-Ana-Flughafen steige ich aus der Maschine und rufe mir ein Taxi. Ich habe in Laguna für mehrere Wochen ein kleines Apartment gemietet, um dort zu arbeiten. Ich brauche eine »Infusion« aus Sonne, Meer und frischer Luft, um dieses Buch fertigzuschreiben. Hinter mir liegt eine zweitägige Rundreise – zuerst nach Minneapolis, um mit Nichole zusammenzusein, dann weiter nach Milwaukee, wo ich einen Vortrag halten mußte. In beiden Städten zeigte das Thermometer fast dreißig Grad unter Null.

Jetzt erscheint mir nichts angenehmer und passender, als einen Film im Fernsehen anzuschauen.

Zurückgekehrt ins Apartment in Laguna, mache ich die Lichter an und lächle. Ein gelber Notizzettel klebt am Bildschirm: *Um Computer einzuschalten, Stecker vom Fernseher herausziehen und den vom Computer einstöpseln.* Ein anderer Zettel ist auf dem Anrufbeantworter angebracht: *Um Nachricht abzuhören, diese Taste drücken.* Ich drücke sie. »Hoffe, deine Reise ist gut verlaufen. Herzlich willkommen. Ich liebe dich.« Ich setze mich aufs Bett. Ein Videorecorder ist angeschlossen, in den eine Kassette mit *Jenseits von Afrika* eingelegt wurde. Ein weiterer Zettel hängt am Fernseher: *Um Film anzuschauen ... Nun, liebe ich dich? Ja. ... schalte TV ein und schiebe Kassette in VCR.*

Er meint, ich würde *Jenseits von Afrika* deshalb so gerne mögen, weil die Liebesgeschichte schmerzlich und schön zugleich ist. Meine Lieblingssätze darin lauten: »Er begann unsere Freundschaft mit einem Geschenk. … Und später gab er mir ein weiteres. Ein unglaubliches Geschenk. Einen Blick in die Welt durch das Auge Gottes.«

· · · · · · ·

Es ging alles sehr schnell, so plötzlich, wie das Gras aus der Erde schießt und den Garten mit Grün bedeckt. Ich weiß, daß ich mitgerissen wurde, aber das kümmerte mich nicht. Es war lange her, daß etwas mich auf so wunderbare Weise fortgetragen hatte.

Er bezeichnete sich selbst als Ritter; ja, das sei er, auch wenn seine Rüstung inzwischen einige Rostflecken aufweise; und darüber hinaus ein Zauberer, wie man ihn aus früheren Zeiten kennt. Aber als ich ihn bat, mich in der Zauberkunst zu unterrichten, sah er sich dazu außerstande.

»Ich werde dir so manches zeigen«, sagte er. »Aber vor allem mußt du dir bewußtmachen, was du schon weißt.«

Doch damit greife ich den Dingen vor.

Der Winter hatte sich in jenem Jahr lange hingezogen und sich fast unmerklich in den Frühling verwandelt. Seit jenem Tag, da ich mich dem Leben wieder zuwandte und ein gewisses Engagement zeigte, waren keine nennenswerten Veränderungen eingetreten. Trotzdem hatte ich das Gefühl, etwas entschlossener zu sein als vorher – wie jemand, der sich anschickt, eine unangenehme Aufgabe zu erledigen.

Eines Tages bekam ich im Café zufällig mit, wie eine Frau am Nebentisch sagte: »Mein Leben ist eintönig und grau. Nicht, daß ich eine Krise oder so etwas heraufbeschwören möchte – darüber bin ich hinaus. Aber mein Leben ist einfach farblos, nichtssagend.«

Ich wußte, was sie meinte. Ich haßte die öde Monotonie meines Lebens, den totalen Mangel an Leidenschaft.

Anstatt an Shanes erstem Todestag durch den Schneematsch zu gehen, beschlossen Nichole und ich, in das Haus auf den Jungferninseln zurückzukehren, in unsere Villa am Meer, wo wir drei vor anderthalb Jahren eine so schöne Zeit verbracht hatten. Ich lud meinen Bruder und meine Schwester und ihre Familien ein, sich uns anzuschließen.

Als wir durch die Tür traten, sah ich, daß es ein Fehler war, hierher zurückzukehren. Der Trost, den ich in zärtlichen Erinnerungen finden wollte, stellte sich nicht wie erhofft ein. In diesem Haus wurde mir nur um so schmerzlicher bewußt, was wir verloren hatten. Ich schaute zu Nichole und spürte, daß es ihr genauso ging.

Wir versuchten, tapfer zu sein – aber es hatte keinen Sinn. Jedesmal, wenn ich Nichole einen Blick zuwarf, schnauzte sie mich an. Immer, wenn wir uns zum Essen setzten, brach ich in Tränen aus. Die anderen Familienmitglieder betonten zwar nachdrücklich, daß es völlig in Ordnung sei, zu weinen, aber ich hatte dieses Gefühl überhaupt nicht. Mir war das zuwider. Man kann nicht umkehren, dachte ich, kann die Zeit nicht zurückdrehen, um die Vergangenheit wiederzubeleben. Ich war noch nicht fähig, das Gestern vorbehaltlos zu akzeptieren und Shane ein liebevolles Andenken zu bewahren. Die Erinnerungen waren mir noch kein Trost, sondern brachten mich nur zum Weinen.

Am Freitag nach unserer Rückreise kehrte Nichole erst spät heim. Als ich sie deshalb zur Rede stellen wollte, fing sie an zu kichern und warf mir eine Kußhand zu.

Sie roch nach Alkohol.

Am nächsten Tag sprachen wir miteinander. Ich machte gewisse Vorgaben, indem ich mich bemühte, klar und vernünftig zu sein, und einsah, daß sie wahrscheinlich nicht viel mehr Kraft besaß als ich. Aber ich bestand darauf, daß sie öfter in die Therapie ging. Seit Shanes Tod hatte sie nur unregelmäßig an den Sitzungen teilgenommen und unlängst sogar die ganze Behandlung abgebrochen mit der Begründung, sie wolle und brauche so etwas nicht. Ich fragte, wie oft sie schon getrunken habe. Sie antwortete: Im vergangenen Jahr lediglich zweimal – am Tag nach der Beerdigung und dann im letzten Sommer. Sie versicherte mir, es wäre schon alles in Ordnung und sie würde ab jetzt jede Woche den Therapeuten aufsuchen.

Ich war hin und her gerissen zwischen dem Impuls, ihr zu helfen, indem ich ihr jede Möglichkeit bot, mit dem Schmerz besser fertig zu werden, und dem Gefühl, daß ich als ihre Mutter, als der verantwortliche Elternteil, ganz direkt eingreifen sollte. Ich wußte nicht, was tun. Mir war nicht klar, wie ich ihr helfen konnte und ob ich dazu überhaupt imstande war. Trotz meiner neuen Entschlossenheit war ich mir noch nicht einmal sicher, welches Mittel mir selbst helfen würde.

Als die letzten Schneereste wegschmolzen, empfand ich deutlicher als je zuvor, daß sich in meinem Innern etwas änderte. Eine ungewohnte Willenskraft machte sich bemerkbar und bannte wenigstens zum Teil jene Dunkelheit, die mich gefangenhielt und manchmal immer noch verschlang. Ohne mir dessen bewußt zu sein, war ich ein verbitterter und zorniger Mensch geworden. In meinen geheimsten Gedanken, dem bewußten Zugriff fast entzogen, existierte eine Liste mit Gründen, warum ich auf fast jeden, mich selbst eingeschlossen, böse war. Nun aber begann ich behutsam daran zu arbeiten, sowohl den anderen wie auch mir selbst zu verzeihen.

Seit Shanes Tod war ich zutiefst beschämt. Ich wußte nicht, woher dieses Gefühl kam. Es ging einfach nicht mehr weg. Und ich war verzweifelt, so als hätte Gott mich vergessen.

Vielleicht mußte ich den schwarzen Umhang der Trauer tragen, um mich verstecken und schützen zu können, während meine Seele heilte. Aber jetzt war es Zeit, ihn abzuwerfen.

Ich war immer noch nicht fähig zu arbeiten. Sobald ich mich an den Tisch setzte, fühlte ich mich niedergeschlagen und müde – ja dermaßen erschöpft, daß ich mich hinlegen mußte, um zu schlafen. Meine Hände und Arme schmerzten zu sehr, als daß ich hätte tippen können. Ich begann wieder, Kreuzworträtsel zu lösen, pflanzte Kräuter an und lebte gesünder. Zwei Wochen lang fastete ich, trank nur Gemüse- und Fruchtsaft in der Hoffnung, mich dadurch zu reinigen und innerlich klarer zu werden.

Und dann wußte ich plötzlich – mit jenem Instinkt, den wir alle besitzen –, daß Echo und ich bald wieder zueinander finden würden.

Unser erstes Wiedersehen war äußerst herzlich. Wir umarmten und unterhielten uns, und schon nach kurzer Zeit schien es, als wären wir nie getrennt gewesen. Wir versprachen, uns nie wieder so zu streiten.

»Ich hab' dich vermißt«, sagte sie, »und hab' mir den ganzen Winter über Sorgen um dich gemacht.«

»Ich hab' dich auch vermißt«, sagte ich.

»Wahrscheinlich weißt du es noch nicht«, sagte sie. »Scotty ist wieder da.«

Wie lange war das schon her? Zwanzig Jahre?

Echo hatte die Idee, eine Grillparty zu veranstalten. Sie mochte dieses gesellige Zusammensein, lud oft Gäste ins Haus und kochte leidenschaftlich gerne. »Laß uns am Sonntag ein Fest machen. Ich werde etwas zubereiten«, versprach sie. »Wir können uns einfach amüsieren. Wie in alten Zeiten.«

Ich war wirklich froh, Scotty zu sehen, aber das wollte ich mir zunächst nicht eingestehen. Wir drei – Scotty, Echo und ich – beschlossen, uns jeden Sonntag zu treffen und einige andere aus unserer alten Gruppe zusammenzurufen.

Damals waren auch wir eine »Wir-halten-zusammen-Clique«. Diese Treffen gaben mir jetzt ein Gefühl von Geborgenheit, von Wohlbehagen. Im Beisein von Scotty war ich genauso schüchtern und zurückhaltend wie vor zwanzig Jahren. In jener Zeit waren wir fast ein Paar. Wir hatten miteinander geflirtet und uns oft gesehen, so wie es zwei Menschen tun, die sich gegenseitig anziehend finden. Aber ich hatte mein Auge auf jemand anders geworfen. Ich war entschlossen, diesen Mann um jeden Preis zu heiraten. Und das tat ich dann auch. Etwas später bekam ich Kinder. Schließlich erfuhr ich, daß Scotty seine Zelte abgebrochen hatte und daß die anderen aus unserer Clique übers ganze Land verstreut waren.

Dennoch hatte ich immer eine enge Beziehung zu Echo, und sie wiederum hatte den Kontakt zu Scotty nie abreißen lassen. Er war eine Ehe eingegangen, geschieden worden und mußte mit seinen Problemen fertig werden. Außerdem hatte er ein Kind.

Es ging alles sehr schnell. Zum ersten Mal berührte er mich bei jener Grillparty. Er fragte, wie es mir gehe. Ich antwortete: Nicht gut, ich habe großen Kummer.

Er schnitt gerade die Tomaten und den Kopfsalat, als ich diese Worte aussprach. Er legte das Messer hin, säuberte die Hände, kam auf mich zu und blieb direkt vor mir stehen.

Da liefen mir schon die Tränen übers Gesicht. Ich wollte sie wegwischen und mich abwenden. Er aber streckte seine Hände aus und umfaßte sanft mein Gesicht. Ich weiß, sagte er, ich habe es schon gehört. Ich habe auch ein Kind. Das ist einfach unvorstellbar. Es tut mir schrecklich leid.

Eines Abends hatten wir ein längeres Gespräch. Wir redeten darüber, auf welche Weise er nach all diesen Jahren wieder in Minneapolis gelandet war. Ich sagte, er habe diesen Schritt sicherlich aus gesundheitlichen Gründen unternommen. Darauf meinte er, das sei wohl richtig, aber eben nicht die ganze Wahrheit.

»Was treibt dich denn noch hierher?« fragte ich.

Er schaute mich an. »Spürst du es nicht?« sagte er. »Ich bin zurückgekommen, weil ich dich will.«

Er erzählte mir einige Dinge, sagte, daß er mich liebe, seit unserer ersten Begegnung vor zwanzig Jahren; daß er sich immer daran erinnern würde, wie er in einem Café, wo er und ich mit Freunden saßen, an meinen Tisch gekommen sei und die ersten Worte mit mir wechselte.

»Ich habe bestimmt fünf Minuten gebraucht, um all meinen Mut zusammenzunehmen und aufzustehen. Jeder Schritt kam mir wie ein Kilometer vor. Und dabei bin ich ja nur zu dir hingegangen, um hallo zu sagen.«

Er habe damals seinem besten Freund offenbart, was er für mich empfand, ohne allerdings zu wissen, wie er sich verhalten sollte. Ich sei ja ganz wild darauf gewesen, mit einem anderen durchzubrennen.

Dann, an einem weiteren Abend, sagte er mir noch etwas. Es war dunkel im Haus, nur im Wohnzimmer brannte ein kleines Licht. Er sah mich an und meinte: »Du mußt dich aufraffen. Glaub mir: Du mußt dich aufraffen!« Er sprach mit erhobener, harter Stimme. »Was muß man tun, bevor man irgendwas anderes tun kann? Man muß sich aufraffen!«

»Ich habe mich aufgerafft«, sagte ich leise.

»Nein«, sagte er, »das stimmt nicht. Du pumpst Luft. Atmest. Gehst umher. Aber jetzt mußt du dich wirklich erheben.«

»Ich kann nicht«, erwiderte ich.

»Doch, du kannst«, gab er zurück.

Er brauchte mir seine Geschichte gar nicht zu erzählen, denn ich kannte sie schon. Vor fünfundzwanzig Jahren, im Alter von siebzehn Jahren, war er zur Marine gegangen – ein Soldat, eifrig darum bemüht, seinem Land zu dienen und in den Kampf zu ziehen. Eines Tages brach er im Ausbildungslager zusammen und konnte nicht mehr aufstehen. Einige Zeit später wurde bei ihm das Guillain-Barré-Syndrom diagnostiziert, eine neuromuskuläre Funktionsstörung. Monatelang war er vom Hals abwärts gelähmt. Zum Teil verschwanden diese Lähmungserscheinungen zwar wieder, aber die Muskeln in seinen Beinen blieben starr. Er hatte gelernt, mit dieser Behinderung zu leben und sie so gut in den Griff zu bekommen, daß ich bei unserem ersten Zusammentreffen überhaupt nichts merkte. Ich dachte, er würde schlendern.

Erst später sah ich, daß er kaum richtig gehen konnte.

Er hielt mich im Arm. Meine Tränen brannten auf seinem Gesicht und seiner Brust.

Der Ring war Scottys Idee. Eines Tages rief er mich an und verkündete: »Ich möchte dir einen Ring schenken. Einen Ring mit shakespearischer Poesie. Ein Symbol unserer Liebe.«

»Ich glaube nicht mehr an die Liebe«, sagte ich.

»Wir wollen unseren Träumen nachhängen«, entgegnete er.

»Es ist zu spät«, sagte ich. »Sie sind alle verschwunden. Keiner mehr wird in Erfüllung gehen; nie mehr bekomme ich das, was ich gerne haben möchte. Es ist zu spät.«

»Denk dir ein paar neue aus«, erwiderte er.

»Ich besitze doch nur Erinnerungen«, gab ich zur Antwort.

»Dann laß uns etwas tun, damit neue Erinnerungen entstehen. Heirate mich«, sagte er.

»Das würde nie gutgehen«, warnte ich.

»Dann läßt du dich eben von mir scheiden«, sagte er.

Und er sagte mir noch etwas: Komm wieder zu dir.

Neun

»Das geht nicht gegen dich persönlich«, sagte er, »sondern das ist einfach der Lauf der Dinge.«

Sie wollte mir diese Geschichte früher schon einmal erzählen. Aber erst jetzt bin ich innerlich bereit, ihr zuzuhören. Ich nehme den Telefonhörer ab und wähle ihre Nummer: »Sag mir, wie es damals war, Mama«, sagte ich. »Erzähl, was du erlebt hast, als du beinah gestorben bist.«

»Das war vor vierzig Jahren. Ich lag auf dem Operationstisch, in der Narkose. Sie entfernten einen Tumor. Narkosemittel habe ich nie gut vertragen.

Plötzlich befand ich mich an der Decke des Zimmers und schaute auf mich hinunter. Ich sah eine Welt, wie ich sie noch nie gesehen hatte. Sie war wunderbar, unglaublich schön: die Farben, die Formen, die Töne. Und sie glich dieser Welt aufs Haar. Ich konnte erkennen, daß alles so war wie in Wirklichkeit. Ein Baum war ein Baum, ein Vogel war ein Vogel. Nur die Ränder zeichneten sich nicht so deutlich ab. Jedes Ding war tatsächlich Teil ein und desselben Ganzen. Alles war eins.«

»Und warum bist du zurückgekommen?« frage ich leise.

»Keine Ahnung. Aber eines wußte ich: Ich war noch nicht am Ende. Ich mußte in meinen Körper, in mein Leben, in diese Welt zurückkehren.«

In jenem Sommer tanzten wir. Wir tanzten zur Musik des Weltalls. Eines Tages nahm er mich mit in eine Buchhandlung. Ich fragte ihn, welches Werk wir kaufen wollten.

»Gar keins«, sagte er. »Du wirst einfach nur zuhören.«

Wir saßen auf einem Fensterbrett, und er fing an, aus einem Buch von Kahlil Gibran vorzulesen: »Denn das Leben läuft weder rückwärts, noch verweilt es im Gestern.« Er las mir oft vor. Das hatte niemand vorher getan. Er las mir Geschichten aus *Pu der Bär* über Winnie-Pu und all die Geschöpfe im Hundert-Morgen-Wald vor. Oder aus alten Kriminalromanen. »Jemand hatte einen Munchkin ermordet«, begann eine Erzählung von Kaminsky. Scotty berichtete mir auch über Raymond Chandlers Leben, der einen Krimi-Klassiker nach dem anderen verfaßte, bis seine geliebte Frau starb; danach konnte er nicht mehr weiterschreiben.

Geschichte, sagte er. Mach dir die Geschichte bewußt. Erinnere dich an deine naturwissenschaftlichen Schulkenntnisse. Und besinn dich auf die alten Mythen.

Ich sagte ihm, daß ich weder in Geschichte noch in Naturwissenschaften besonders gut war.

Dann könne ich ja dazulernen, war seine Antwort.

»Die Geschichten sind uralt und zeitlos«, sagte er. »Genauso uralt und zeitlos wie die Probleme und Kämpfe der Menschen.«

Er erzählte mir von König Artus und den Rittern

der Tafelrunde; von Archimedes, dem Magiker; der weisen, alten Eule; oder von Merlin, dem Zauberer, und von Avalon und Camelot.

Er forderte mich auf, Stephen Hawkings *Eine kurze Geschichte der Zeit* zu lesen. Hawking, der von einigen als der brillanteste theoretische Physiker seit Einstein bezeichnet wird, hat sein umfangreiches Wissen in ein Handbuch für Laien übersetzt, wobei es ihm um ein Verständnis der komplexen Struktur der Zeit und des Universums geht, darum, wie und warum die Dinge in unserer Welt aufeinander wirken.

Ich kämpfte mich durch die Seiten, las einzelne Absätze und Kapitel mehrmals, versuchte mich zu konzentrieren und die wesentlichen Gedankengänge zu begreifen.

»Was hast du aus diesem Buch gelernt?« fragte er nach ein paar Wochen, als ich die Lektüre beendet hatte.

»Daß sich die Dinge auflösen, wenn man ihnen keine Aufmerksamkeit schenkt«, sagte ich.

»Und was noch?« fragte er.

Ich holte tief Atem. »Hawking schrieb das Buch, nachdem bei ihm eine unheilbare Erkrankung des motorischen Systems diagnostiziert worden war – und nach einem Luftröhrenschnitt, durch den er seine Sprechfähigkeit eingebüßt hatte.«

Scotty schwieg. Er überließ mir die Entscheidung, was ich lernen wollte. Später las er mir aus der Einleitung zu Hawkings Buch vor.

»Hast du das gehört?« fragte er.

»Ja«, erwiderte ich. Hawking sagt dort, daß er fast immer Glück gehabt habe – abgesehen von dem Pech, an dieser Krankheit zu leiden.

Scotty las mir auch aus der Bibel vor.

Und er erinnerte mich an die Geschichte von der Büchse der Pandora.

»Was war als einziges in dieser Büchse zurückgeblieben, nachdem alle Übel in die Welt entweichen konnten?« fragte er. »Was allein brauchen die Menschen, um zu überleben?«

»Ich weiß es nicht«, sagte ich.

»Denk mal nach«, sagte er.

»Natürlich«, sagte ich. »Hoffnung.«

»Es gibt nur drei wesentliche Dinge: Glaube, Liebe, Hoffnung«, sagte er später, viel später, als sich zwischen uns schon wieder einiges geändert hatte. »Als ich dir begegnete, war ich zynisch, aber ich glaubte immer noch an Gott. Eines hatte ich aufgegeben, nämlich die Hoffnung. Du hast mir geholfen, sie wiederzufinden«, sagte er. »Deshalb tut es mir sehr weh zu sehen, daß du keine mehr hast.«

Seit Shanes Tod war ich herumgelaufen und hatte Luft eingeatmet – aber ich war nicht ganz da. Ich machte nicht richtig mit, lebte nicht wirklich. Mein Herz und meine Seele waren anderswo. Jetzt kehrte ich nicht nur zurück. Ich übte eine völlig neue Lebensweise ein.

Er schleppte mich in Museen und Kunstgalerien.

»Schau«, sagte er. »Sieh dir einmal das an. Diese Zeichnung. Oder die Skulptur dort.«

»Ich seh' sie doch«, murrte ich.

»Nein, das tust du nicht. Lerne, die Dinge aus einem anderen Blickwinkel zu betrachten. Gewöhn dir an, alles, was du siehst, auch *zu fühlen.*«

Monet wurde mein Lieblingsmaler. Anfangs konnte ich mir unter Impressionismus nicht viel vorstellen, aber dann wurde mir sehr schnell klar, daß ich Monets sanften Blick auf die Dinge mochte – die Art und Weise, wie er die weichen Farben: das Violett, das Rosa, das Grün ineinander übergehen läßt, so daß die Grenzen undeutlicher sind als in den Werken anderer Künstler.

»Du magst ihn nur, weil du deine Brille nicht oft genug aufsetzt und die Welt genauso siehst wie er«, sagte Scotty. »Nämlich verschwommen.«

»Nein«, entgegnete ich. »Das ist es nicht.«

Jetzt weiß ich, warum mir die Bilder Monets besonders gefallen. Er hat wohl im hohen Alter und trotz seines grauen Stars die Welt klarer gesehen – so, wie sie tatsächlich ist. Alles ist Teil ein und desselben Ganzen, wie meine Mutter sagte.

An einem späten Nachmittag forderte Scotty mich auf, meinen Pullover mitzunehmen. Wir würden uns eine Aufführung anschauen.

»Welche denn?« fragte ich.

»Du wirst schon sehen«, antwortete er.

Er fuhr zu einer ruhigen Stelle am Lake Calhoun

und stellte den Wagen ab. Wir gingen ans Ufer und setzten uns ins Gras.

»Spür es«, sagte er. »Spüre das Gras. Die Erde.«

»Das tue ich«, sagte ich. »Aber was ist mit unserer Aufführung?«

»Schau doch.«

Die Sonne sank langsam zum Horizont. Der glühende Ball war von Ringen umgeben, wurde immer dunstiger, dampfte, während er sich vor unseren Augen immer weiter nach unten bewegte. Als er unter dem Horizont versunken war, breiteten sich zu beiden Seiten rosa- und orangefarbene Streifen aus, die zunächst die Wolken verfärbten und dann ständig neue Formen annahmen.

»Das war schön«, sagte ich und stand auf.

»Bleib sitzen«, sagte er und ergriff meine Hand. »Es ist noch nicht vorbei.«

In den nächsten zehn Minuten wechselten allmählich die Schattierungen am Himmel. Die Luft wurde kühler. Sogar das Wasser des Sees sah anders aus.

»Siehst du, wie alles sich verändert?« fragte er. »Siehst du es wirklich?«

Er führte mir Leute vor – junge und alte. »Hör, was sie reden«, sagte er, »hör doch!«

»Oma hat eine Kokosnuß auf den Kopf gekriegt und das Bewußtsein verloren.«

»Nein, Oma war betrunken und ist aus den Latschen gekippt.«

»Nein, ganz bestimmt: Großmutter wurde am Kopf getroffen …«

»Sind die Leute nicht toll?« fragte Scotty.

Eines Abends nahm er mich mit nach draußen.

»Siehst du das?« fragte er.

»Ich sehe nichts als Nebelschleier«, antwortete ich.

»Hast du denn Merlin schon wieder vergessen?« ermahnte er mich. »Das ist kein Nebel, sondern Drachenatem. Er besitzt Zauberkraft. Wenn der Drachenatem kommt, wenn dieser Dunst sichtbar wird, dann bricht die magische, die geheimnisvolle Zeit an – und die Dinge beginnen sich zu ändern.«

Ich fragte mich, ob sich das wohl bewahrheiten würde.

Wir warteten auf Sternschnuppen, sahen lange zum Mond hinauf, beobachteten die »Kreaturen«, wie Scotty zu sagen pflegte. Er schaffte es, daß sie: die Eichhörnchen und Vögel, ihm aus der Hand fraßen, und er brachte mir bei, es ihm nachzutun.

»Sie werden mit dir sprechen«, sagte er. »Und du kannst mit ihnen sprechen. Aber du mußt ihnen wirklich zuschauen und zuhören, nicht nur mit Augen und Ohren.«

Wir waren zärtlich miteinander, vertraut, sanft und leidenschaftlich. Manchmal stritten wir uns auch und zankten so heftig, wie ich es noch nie getan hatte. Zunächst wollte ich das nicht. Es erschien mir unfein. Aber als er mich das erste Mal dazu trieb, laut loszuschreien, dachte ich, daß ich gar nicht wieder aufhören könnte.

Nachdem ich mich wieder etwas beruhigt hatte, fragte er, wie ich mich fühlte.

Besser, sagte ich. Und das stimmte tatsächlich; außerdem fühlte ich mich ein wenig stärker.

Er sagte: Gut, und wir vertrugen uns wieder.

Manchmal blieben wir die ganze Nacht auf und redeten einfach nur. Und dann waren wir beide überrascht, die Sonne aufgehen zu sehen. Wir warfen uns eine Jacke über und gingen nach draußen, um den Sonnenaufgang zu beobachten.

Eines Tages zog er mich ins Wohnzimmer. »Schau doch«, sagte er und deutete auf eine Zinnfigur neben dem Kamin. »Darin ist ein Zauberer. Siehst du's?«

»In dem Huhn soll ein Zauberer sein?« sagte ich.

»Es ist ein Hahn. Schau!«

Ich starrte die Figur an.

Er zeigte auf die Ritterfigur daneben. »Der Ritter ist leer«, sagte er. »Keine Lebenskraft. Aber sieh dir mal das Gesicht des Hahns an.«

Ich strengte meine Augen noch mehr an. Dann konnte ich es auch sehen und spüren: das runzlige Gesicht eines Zauberers, verborgen in den Zügen des Hahns.

»Allem wohnt eine Lebenskraft inne. Lerne, sie zu sehen, sie zu fühlen. Lerne, die Kreaturen ausfindig zu machen und zu füttern, und fühle dabei die Lebenskraft.«

Er sprach über Trolle und Kobolde, und allmählich konnte ich sie vor mir sehen. Wale, Delphine und

Gnome versteckten sich zwischen den Zweigen eines Baumes oder lugten aus der knorrigen Rinde.

Eines Tages zeigte ich ihm etwas. »Siehst du das?« sagte ich.

»Was?«

»In diesen Bäumen lebt ein Drache.«

Er schaute genauer hin. Die grünen Blätter in den Wipfeln der Bäume formten einen vollkommenen Drachen mit feurigem Atem.

»Was bedeutet er?« fragte ich Scotty.

»Er bedeutet etwas Gutes«, sagte er sanft. »Allmählich erkennst du die Lebenskraft in den Dingen, die um dich sind, weil du sie immer mehr in dir selbst wahrnimmst.«

Wir fuhren in die Berge. Wir gingen an den Strand. Er erzählte mir von der Wüste. Wir besannen uns auf Orte, an denen wir gewesen, und auf Orte, an denen wir noch nicht gewesen waren. Manchmal stahlen wir uns in Kirchen, wenn niemand da war, knieten nieder und beteten.

Es gibt eine Stelle in Laguna, wo die Wüste direkt ans Meer grenzt. Nachts ist der Himmel von Sternen erhellt, und in der Nähe brennt ein Feuer, das süßlich duftet vom Holz des Mesquitbaums. Alle Elemente des Lebens sind gegenwärtig, um sich miteinander zu verbinden. Hier waren wir in der Nacht, da mir klar wurde, daß ich mich anschickte, diese Verbindung in mir selbst zu entdecken.

. . . .

Diese Geschichte brach genauso schnell ab, wie sie begonnen hatte. Im Herbst ging alles zu Ende, und das war hart und schmerzlich – wie so oft, wenn derartiges geschieht. Wir konnten einander nicht mehr verzeihen; keiner von uns brachte es fertig, dem eigenen Kummer, der tiefinneren Angst zu entfliehen.

»Ich kann das nicht«, sagte ich. »Ich kann und will nicht das Übliche tun. Es ist zu spät. In all den Jahren, als ich es wollte, bekam ich es nicht. Jetzt bekomme ich es und will es nicht mehr. Verdammt, es ist zu spät. Ich kann nicht zwei Familien miteinander mischen. Ich habe meine Kinder zu lange allein großgezogen. Das alles sind Träume von gestern. Ich bin einfach nicht bereit dazu – und du auch nicht.«

Er mußte seine Sachen erledigen, ich meine – und zwar ohne fremde Hilfe.

An jenem Tag, als ich ihn zum Flughafen brachte, nahm ich den Ring, den er mir geschenkt hatte, vom Finger.

»Willst du ihn nicht mehr?« fragte er.

»Nein«, sagte ich.

»Dann schmeiß ihn weg.«

Ich warf ihn in den Papierkorb, und er bestieg sein Flugzeug.

Er sprach vom »frischen Wind«, den jeder von uns nun spüren würde. Für mich war es ein weiterer Verlust.

Als Nichole an jenem Abend nach Hause kam, rannte ich im Haus herum, stürzte mich auf alles, was Scotty mir geschenkt hatte, und warf es in den Abfall.

»Was machst du denn?« fragte Nichole.

»Ich werfe Geschenke weg«, antwortete ich.

Doch als ich dies sagte, überkam mich ein seltsames Gefühl. Ich erinnerte mich an damals, als Shane geboren wurde. Sein Lächeln, seine Liebe und seine Gegenwart halfen mir, in einer Zeit weiterzumachen, da ich mich dazu nicht mehr imstande sah. Er brachte mir bei, zu lachen und zu spielen. Und ich fing an zu schreiben. Ich lernte, mich selbst, die anderen Menschen und Gott mehr zu lieben. Shane war es zu verdanken, daß ich es allmählich verstand, das Leben mehr zu lieben.

Und so holte ich alle Geschenke von Scotty wieder aus dem Mülleimer.

Vielleicht war es an der Zeit, Geschenke nicht mehr leichtfertig wegzuwerfen.

Zehn

»Ein guter Krieger lernt, die Jahreszeiten und Lebenszyklen zu achten«, sagte er. »Sie sind Teil der Natur; sie sind ein Teil von dir.«

Es klopft an der Tür. Ich öffne sie. Es ist Scotty. »Brauchst du auch eine Pause?« fragte er. »Der Typ, der für die Eagles einen Hit geschrieben hat, nimmt irgendwo in der Stadt an einer Jam Session teil.«

Ich greife nach meiner Jacke. Es ist ein südkalifornischer Winterabend; die Temperatur liegt bei etwa 15 Grad. Wir gehen die paar Häuserblocks in Richtung des Stadtzentrums von Laguna und lauschen der Brandung. Der Himmel ist mit Sternen übersät; hoch oben steht der Mond, ein heller, dreiviertelgroßer Brocken aus Licht.

Kurz darauf hören wir vier Männern zu, die über vierzig und fünfzig sind und Lieder von gestern spielen.

Zwei Songs gefallen mir am besten: »We'll Meet Again Someday« und »Peaceful, Easy Feeling«.

. . . .

Es war Montag mittag, zwei Wochen nach Scottys Abreise. An diesen Tag erinnere ich mich genau; er wird mir immer im Gedächtnis bleiben.

Ich werkelte in der Küche herum. Soeben hatte ich das Kreuzworträtsel beendet und überlegte, was ich sonst noch tun könnte. Ich war immer noch nicht fähig zu arbeiten, wußte nicht, wo oder wie ich anfangen sollte. Aber ich hatte den Schrein in meinem

Arbeitszimmer, der als Denkmal für Shane gedacht war, wieder abgebaut.

Außerdem war ich immer noch verletzt und wütend darüber, wie die Beziehung zwischen Scotty und mir auseinandergegangen war. Ich hatte keine Ahnung, wo er sich aufhielt oder was er gerade machte. Ich versuchte mir einzureden, daß mir diese Dinge gleichgültig seien. Doch in meinem inneren Aufruhr wußte ich, was außer mir nur zwei andere Menschen, nämlich Nichole und Scotty, wußten: Selbst wenn Scotty mir nicht das Leben gerettet hatte – was ihm meiner Meinung nach zweifellos gelungen war –, so hatte er mir doch zumindest geholfen, wieder lebendig zu werden.

Die Küchentür flog auf.

Plötzlich stand Nichole da.

»Warum bist du schon von der Schule zu Hause?« fragte ich. »Es ist mitten –«

»Ich muß mit dir reden«, sagte sie. »Und zwar sofort.«

Ich spürte, daß es um etwas Ernstes ging. »Laß uns hinaufgehen in mein Arbeitszimmer«, schlug ich vor.

Wir setzten uns einander gegenüber.

»Was ist los, mein Liebling?« fragte ich.

Sie schaute mich nur an. »Laß mir einen Augenblick Zeit«, antwortete sie. »Die Sache ist kompliziert.«

Die Wanduhr tickte.

»Ich weiß nicht, wie ich's sagen soll«, begann sie. »Deshalb versuch ich's mal, so gut ich kann; hoffentlich fallen mir die richtigen Worte ein. Ich kann nicht mehr kontrollieren, wann ich trinke, wieviel ich trinke und was ich tue, wenn ich trinke. Wenn Leute um mich sind, die zur Flasche greifen und mir einen Drink anbieten, kann ich nicht nein sagen. Ich bin unfähig, mir selbst zu helfen. Ich trinke nicht nur zuviel, sondern stumpfe allmählich völlig ab. Dann habe ich mich nicht mehr in der Gewalt. Und am nächsten Tag erinnere ich mich an nichts. Ich hab' Angst. Ich brauche Hilfe.«

»Okay«, sagte ich. Ich wußte nicht, was ich sonst sagen sollte.

»Mama, ich hab' immer gesagt, daß ich nicht so werden würde. Wir haben schon darüber gesprochen, sehr oft. Und ich hab' dir stets versichert: So was tu ich nicht. Und jetzt tu ich's doch. Es hat mich ganz einfach erwischt. Ich hasse diesen Zustand. Und allmählich hasse ich mich auch selbst. Ich hab' dir Lügengeschichten erzählt, hab' dir direkt ins Gesicht geschaut und dich angelogen. Und zwar häufig – wohin ich gehe oder was ich mache. Ich hab' Marihuana geraucht, Kokain geschnupft, aber immer wieder kehre ich zum Alkohol zurück. Wodka. Ich mag Wodka.

Mir wurde angst und bange. Ich habe Kokain genommen und mir war, als würde ich aufhören zu atmen; da bin ich in Panik geraten und hab' mir gesagt, daß ich so was nie wieder nehmen würde. Aber am nächsten Tag hab' ich's dann doch getan.«

Nach einer kurzen Pause sagte sie: »Hilf mir.«

Ich holte tief Luft. Es ist gut so, dachte ich. Ich bemühte mich, einen ruhigen Ton anzuschlagen, und sagte zu ihr: »Was du jetzt, in diesem Moment, tust, ist gut. Ausgezeichnet. Gib mir bitte etwas Zeit«, sagte ich. »Ich muß einige Leute anrufen.«

»Nein, Mama«, sagte sie. »Wenn ich aus dem Haus gehe, werde ich noch mehr trinken und koksen. Alle meine Freunde nehmen Drogen. Allein schaff' ich's nicht, damit aufzuhören. Ich brauche *sofort* Hilfe.«

Am nächsten Tag fuhr ich sie in ein Therapiezentrum für suchtkranke junge Menschen. Wir trugen ihre Koffer aufs Zimmer, füllten einige Papiere aus, machten einen kleinen Rundgang. Dann war es Zeit für mich, zu gehen.

Wir umarmten uns zum Abschied. Sie klammerte sich an mich, und die Tränen liefen ihr übers Gesicht. Sie ist eine atemberaubende Erscheinung, schön, fast einsachtzig groß, einer klassischen Statue vergleichbar. Aber in diesem Augenblick sah sie aus wie das dreijährige Mädchen, das sie einmal war.

Ich hielt sie fest in meinen Armen. »Alles wird gut werden, mein Kleines«, sagte ich. »Du wirst dich hier wohl fühlen. Ich glaube sogar, daß du diesen Ort lieben wirst. Er markiert einen Neuanfang, den Beginn deines ganzen künftigen Lebens.«

»Ich habe dir weh getan«, sagte sie. »Ich habe ein ganz schlechtes Gewissen. Aber ich möchte, daß du eines Tages stolz auf mich bist, Mama.«

»Ich bin schon jetzt stolz auf dich, mein Schatz«, flüsterte ich. »Und bin es immer gewesen.«

Die Zeit, als Nichole in Behandlung war, erschien mir sehr merkwürdig. Ich wanderte allein durch dieses große Haus, fühlte mich aber nicht gar so verloren wie vorher.

Etwa eine Woche vor Weihnachten ging ich in den Keller, holte den Baum – eben jenen Zauberbaum – hervor und schleppte ihn nach oben. Einen ganzen Tag verbrachte ich damit, ihn aufzustellen und die Zweige anzuordnen. Vorsichtig packte ich die Herzen, die Vögel und die Perlenschnüre aus und fand für jede dieser Verzierungen den richtigen Platz am Baum.

Ich nahm auch die Lokomotive und die Waggons aus der Schachtel, setzte mich auf den Boden, baute die Schienen zusammen und schaltete den Trafo ein. Der Zug fuhr pochend und pfeifend im Kreis herum. Am Baum glänzten sanfte rosafarbene Lichter. Mein Engel saß oben auf der Spitze, und die Strümpfe – drei an der Zahl – hingen am Kamin. Im Hintergrund spielte leise »Joy to the World«.

Ich war froh, daß ich diesen Baum vor zwei Jahren gekauft hatte. Er würde immer bei mir sein. Außerdem besaß ich jetzt noch etwas, das ich nie mehr zu finden geglaubt hatte – nämlich innere Ruhe, ein Gefühl von Frieden. Darüber war ich sehr verwundert, kam es doch tatsächlich aus dem Nirgendwo.

Echo und ich machten Weihnachtseinkäufe.

Ich war froh und zugleich durcheinander. Einkaufen zu gehen und unter so vielen Menschen zu sein, jagte mir Angst ein. Allein die Entscheidung, wer welches Geschenk bekommen sollte, überforderte mich. Wie erschüttert warst du eigentlich? fragte ich mich.

»Nur keine Panik«, sagte Echo. »Laß einfach zu, daß die Antwort auf deine Frage aus dem Herzen kommt. Dann weißt du, was du tun mußt.«

Echo hatte recht. Ich befand mich irgendwo in einem Geschäft, sah dann einen bestimmten Gegenstand und wußte sofort, zu wem er am besten paßte. Die Mickymaus war für Nichole. Sie liebte diese Figur. Das kleine Mädchen, das ich im Therapiezentrum zurückgelassen hatte, brauchte unbedingt ein Spielzeug, das sie umarmen und an sich drücken konnte. Der Hut war für Louie bestimmt. Er liebt Hüte. Auch ohne Liste gelang es mir, bis zum späten Abend alle Einkäufe zu erledigen. Jedesmal hatte ich zielsicher zugegriffen.

Ich fragte mich, ob von nun an alles in dieser Weise ablaufen würde, so daß ich keine Angst mehr zu haben bräuchte. Ich mußte mich nur beruhigen und lauschen, dann würde ich schon hören, was die innere Stimme mir sagt. Sie würde mich direkt zu dem führen, was ich gesucht hatte, selbst wenn ich mir gar keine rechte Vorstellung davon machen konnte.

Nachdem wir unsere Einkäufe getätigt hatten, gingen wir in ein Restaurant. Während wir Pfannkuchen aßen und Kaffee tranken, sprachen wir über Trennungen und Versöhnungen. Wir kamen zu der Überzeugung, daß manchmal Menschen in unser Leben treten, denen wir, wenn sie uns wieder verlassen, nachtrauern, die wir eine Zeitlang schmerzlich vermissen. Schließlich aber kommen wir über den Verlust hinweg.

Dann wieder begegnen uns Menschen, denen wir uns so nahe fühlen, die wir so sehr lieben, daß sich vieles verändert, wenn sie weg sind. Man fühlt ein großes Loch im Herzen, eine leere Stelle, die nicht mehr verschwindet. Doch dann lernt man, mit diesem Loch zu leben, an ihm zu arbeiten, bis man mit der anderen Person wieder vereint ist.

Wir stellten fest, daß einige Leute solche Erfahrungen vielleicht nicht verstehen, aber daß dies keine Rolle spielt, solange Echo und ich einander verstehen.

Und wir fanden noch etwas heraus – daß man nämlich früher oder später lernen muß, auf fast jeden Menschen zu verzichten, zumindest eine Zeitlang; und zwar sogar dann, wenn man sich das Leben ohne ihn gar nicht mehr vorstellen kann.

Jedenfalls hatten wir den Eindruck, als würde die Liebe immer wieder zu sich finden, ganz gleich, wie lange das jeweils dauern mag.

. . . .

Der Weihnachtstag verlief ruhig. Ich brachte Nichole die Geschenke ins Therapiezentrum. Man hatte ihr nicht erlaubt, nach Hause zu kommen. Das ärgerte sie ungemein. Wir waren an Weihnachten immer zusammen gewesen, machten uns aber klar, daß es auch einmal so ging, daß wir trotzdem ein schönes Fest verbringen würden. Sie öffnete ihre Geschenke, dann setzten wir uns eine Weile in die Cafeteria und redeten miteinander. Sie bekam auch Besuch von ihrem Vater. Darüber freute sie sich ganz besonders.

Sie arbeitete intensiv an sich selbst – nun, nachdem sie festgestellt hatte, daß ihr die Behandlung zusagte, daß es ihr gefiel, bestimmte Lektionen zu lernen.

»Ich fühle mich wie neugeboren«, meinte sie. »Mama, ich bin so glücklich hier.«

Das konnte ich sehen. Sie strahlte aus allen Poren.

Dann war »Familienwoche«. Zusammen mit anderen Eltern besuchte man Vorträge und nahm an Gruppengesprächen teil, um mehr zu erfahren über die eigenen Kinder, über die Suchtkrankheit und über sich selbst. Ich fühlte mich nicht ganz wohl dabei, aber das fiel nicht weiter ins Gewicht. Ich war fest entschlossen, die ganze Sache auf mich zu nehmen – vor allem Nichole, aber auch mir selbst zuliebe. Um nichts in der Welt hätte ich mir diesen Erfahrungsaustausch entgehen lassen.

Während der Woche blieb ich ziemlich still, hörte mir Vorträge über jene Krankheit namens Alkoholismus an, bekam Tips, wie man, nachdem das Kind ins Elternhaus zurückgekehrt ist, mit den unterschiedlichen Situationen fertig wird. Die Tage gingen schnell vorbei. Aber je weiter es dem Ende zuging, desto mehr fürchteten wir alle uns vor der gleichen Veranstaltung: der »Familienbesprechung«.

Inzwischen wußte jeder, was darunter zu verstehen war. An diesem Tag wurde sozusagen die schmutzige Wäsche gewaschen. Eltern, Kind und Therapeut trafen in dessen Sprechzimmer zu einer privaten Sitzung zusammen. Dort sollte das Kind frei von der Leber weg reden und all jene Dinge zur Sprache bringen, die es Vater und Mutter immer schon sagen oder unbedingt anvertrauen wollte. Es sollte seine Gefühle artikulieren in bezug darauf, was ein Elternteil getan oder unterlassen hatte; es sollte sich von unangenehmen Emotionen befreien und erzählen, wann es ohne Wissen der Eltern etwas Dummes gemacht hatte. Aber auch die Eltern waren aufgefordert, sich zu äußern.

Nichole war genauso gereizt wie ich. Am Tag vor der Besprechung hatten wir uns während der gesamten Besuchszeit gestritten. Hinterher waren wir beide mißmutig aus dem Zimmer gegangen.

Ich nahm all meinen Mut zusammen, als ich dann in das kleine Sprechzimmer eintrat und Nichole gegenüber Platz nahm. Die Therapeutin, eine Frau mit kurzgeschnittenem Haar, setzte sich seitlich neben uns.

Zuerst war ich an der Reihe. Ich hatte nicht viel zu sagen. Ich erklärte, daß Nichole und ich oft über unsere Gefühle gesprochen hätten; daß ich im Laufe der letzten beiden Jahre ganz unterschiedlich auf sie reagiert hätte; daß ich manchmal verletzt, wütend, frustriert und bestürzt gewesen sei. Und ich fügte hinzu: Wir haben uns sehr lieb und sind – im ganzen gesehen – recht gut miteinander ausgekommen. Ich weiß, daß sie viel durchmachen mußte, genauso wie ich auch, und daß ihr Verhalten selbst in der Zeit, als sie wirklich aufsässig und außer Rand und Band war, eigentlich als positiv und liebevoll bezeichnet werden muß.

Ich betonte, daß ich stolz auf sie sei, weil sie sich dieser Behandlung unterzogen habe, ihren Mut unter Beweis stellte und weil sie so zäh an sich arbeite – und daß ich sie liebe.

Dann war Nichole an der Reihe.

Ich war bereit. Verteidige dich nicht ständig, sagte ich mir. Und keine bissigen Bemerkungen. Laß sie frei reden. Soll sie sich von ihrem seelischen Druck befreien. Ich weiß, daß ich nicht die beste Mutter der Welt war, daß ich einiges falsch gemacht habe. Das passiert allen Eltern. Hör ihr einfach nur zu, wenn sie über ihre Gefühle spricht, und erwidere nichts. Respektiere ihre Empfindungen, gestehe sie ihr zu.

Ich lauschte ihr und versuchte wirklich, mich nicht schuldig zu fühlen, aber ich merkte, wie ich in meinem Sessel immer kleiner wurde.

Mein Gott, wußte sie etwa nicht, daß es mein sehnlichster Wunsch war, ihr ein ganz normales Familienleben zu ermöglichen? Aber dieses war ihr genommen worden. Und ich sah deutlich, daß sie sehr darunter litt.

Nichole redete mit sanfter Stimme über ihre Gefühle, ihre Beschwerden, ihren Groll. Ich hörte ihr aufmerksam zu. Diesen Punkt konnten wir also abhaken.

Dann sagte sie mir, ich ginge immer gleich in die Defensive. Und ich sagte ihr, daß sie das gleiche täte. Die Therapeutin meinte, das sei wohl bei beiden der Fall. Ich gestand meine Schuldgefühle ein, und Nichole erwiderte, daß sie sich ebenfalls schuldig fühle.

»Die erste Runde ist vorbei«, sagte Nichole. »Jetzt muß ich dir die Fehler eingestehen, die ich gemacht habe.«

Sie ging ihre Liste durch. Davon war ich nicht überrascht. Das meiste hatte sie mir bereits offenbart, aber es tat ihr gut, diese Dinge noch einmal zum Ausdruck zu bringen.

Damit war auch dieser Teil beendet. Ich atmete tief durch und lehnte mich zurück. Fast alles geschafft, dachte ich.

»Sag es ihr«, warf die Therapeutin ein, den Blick fest auf Nichole gerichtet.

Nichole saß regungslos da.

»Nur zu«, sagte die Therapeutin.

Nichole richtete sich auf. Sie schaute zuerst mich an, dann die Therapeutin und starrte dann auf ihre Liste. Ihr Kinn begann zu zittern, ebenso ihre Hände. Ihre Stimme war anfangs ganz leise.

»Es tut mir leid, Mama. Ich hab' es nicht gewollt. Ich hab' solche Schuldgefühle, so ein schlechtes Gewissen. Ich hab' versucht, durch Alkohol und durch Drogen die ganze Sache zu vergessen. Wieder und wieder hab' ich sie einfach verdrängt.«

Dann stand sie in der Mitte des Zimmers auf und schrie sich die Lunge aus dem Leib.

»Lieber Gott, lieber Gott im Himmel, Mama, ich fühle mich so schuldig. Du hast es mir gesagt. Du hast mir gesagt, ich sollte an jenem Abend um sechs Uhr zu Hause sein. Das war das letzte, was du uns nachgerufen hast, als wir aus dem Haus gingen. Und wenn ich auf dich gehört hätte, wenn ich ein braves Mädchen gewesen wäre, wenn ich aufgepaßt hätte und pünktlich zurückgekommen wäre, dann wäre Shane jetzt nicht tot. Dann wäre er lebendig, und du hättest einen Sohn; ich hätte einen Bruder, und wir wären eine Familie. Ich allein bin für diesen ganzen beschissenen Alptraum verantwortlich, der uns ins völlige Chaos gestürzt hat, und ich fühle mich so schlecht und schuldig, und es tut mir so unendlich leid, Mama. Ich hab' das nicht gewollt. Niemals. Ich liebe meinen Bruder, und ich liebe dich.«

Ich weiß nur noch, daß ich sie in den Arm nahm. Wir saßen auf der Couch, und ich hielt sie, hielt ihren Kopf an meine Brust, strich über ihr Haar.

Sie bebte am ganzen Körper, so daß ich sie kaum halten konnte.

Das Geheimnis war enthüllt.

Ich redete mit ihr, sagte, daß es ein Unfall war, aber das wußte sie schon. Ich versuchte ihr klarzumachen, daß niemand einen Fehler gemacht habe, aber auch das war für sie nichts Neues. Ich legte ihr nahe, sich nicht mehr schuldig zu fühlen. Zwei Jahre lang hatten wir über Schuldgefühle gesprochen, und sie hatte stets betont, keine zu empfinden. Und so gab ich ihr zu verstehen, daß sie auch jetzt keine haben müsse, aber das alles klang hilflos und hohl. Ich spürte, daß ich ihr mehr geben mußte.

Die Therapeutin reichte uns zwei Taschentücher. Wir redeten noch ein wenig. Dann war die Besprechung zu Ende.

Ich ging in den Speisesaal, schenkte mir eine Tasse Kaffee ein und setzte mich an einen der Tische. Ich mußte ihr etwas sagen. Ich konnte jetzt nicht einfach so weggehen und sie in diesem Zustand lassen. Sie war doch mein kleines Kind. Ich wußte zwar nicht, was zu tun war, aber irgend etwas mußte ganz einfach geschehen.

Ich trank einen Schluck Kaffee. Hab nur Vertrauen, dachte ich. Es wird dir schon das Richtige einfallen.

Ich kramte in meiner Handtasche und fand einen Kugelschreiber sowie ein Blatt Papier. Ich schrieb ein paar Zeilen auf, faltete das Blatt zusammen und steckte es in meine Jackentasche.

Einige Minuten später kam Nichole, um sich von mir zu verabschieden. Unser Gespräch war kurz. Man hatte uns eindringlich gebeten, nicht jedes Thema, das in der Besprechung berührt worden war, noch einmal durchzudiskutieren – zumindest nicht am gleichen Abend.

Wir umarmten uns. Ich griff in meine Tasche, nahm den Zettel heraus und drückte ihn in ihre Hand. Ich sagte, daß ich sie liebe, und ging dann.

Als ich nach Hause kam, läutete das Telefon.

»Danke, Mama«, sagte sie. »Herzlichen Dank. Diese Worte bedeuten mir enorm viel, mehr als alles andere.«

Es waren ganz einfache Zeilen, es war die Wahrheit:

»Liebe Nichole, ich liebe dich sehr; das war immer so und wird immer so sein. Und wenn du mich an jenem Abend angerufen und gefragt hättest, ob du länger als bis sechs Uhr Ski fahren kannst, hätte ich gesagt: Ja, bleib noch eine Weile. Du hast nichts falsch gemacht, meine Kleine. So etwas darfst du nie wieder denken. Alles Liebe, Mama.«

Genau an dieser Stelle wurde mir klar, wie wichtig es ist, anderen Menschen in Bedrängnis zu helfen – und auch sich selbst von schweren Bürden zu befreien.

Im Januar kehrte Nichole nach Hause zurück. Aus diesem Anlaß veranstalteten wir eine Party. Es war ein großer Tag. Die Mädchen von der »Wir-halten-zusammen-Clique« – Joey, Carmen und Ingrid – feierten mit. Es gab viele Luftballons und Fruchtsaft. Wir hörten Musik und lachten. Nichole versuchte ihren Freundinnen zu erklären, wie so eine Entziehungskur abläuft und wie sie ihr Leben nun gestalten würde.

»Wir machen alle unterschiedliche Dinge durch«, erzählte sie mir später. »Man weiß, daß die andere einen nicht hundertprozentig versteht, weil sie nicht genau das gleiche erlebt hat wie man selbst. Aber wir hören einander zu und sagen ganz offen, daß uns dieses oder jenes doch etwas fremd ist. Trotzdem kümmern wir uns umeinander. Deshalb sind wir ja auch die ›Wir-halten-zusammen-Clique‹. Wir halten zusammen, damit jede von uns das Leben besser in den Griff kriegt.«

....

Es geschah plötzlich, fast blitzartig. Nichole war seit etwa drei Wochen wieder zu Hause. Sie gab sich alle Mühe, den Rückstand in der Schule wieder aufzuholen. Dort fühlte sie sich unwohl, verlegen, fehl am Platze. Sie sagte, die Schule sei ihr jetzt verhaßt.

Zwei Tage hatte ich im Haus bleiben müssen. Die Garagentür war zugefroren, und ich konnte sie nicht enteisen. Da saß ich also in diesen vier Wänden wie in einer Falle, als mir genauso schlagartig wie eindringlich und deutlich zu Bewußtsein kam:

Ich bin noch nicht am Ende.

Es war eine einfache Erkenntnis, die mich im Innersten ergriff. Sie verlieh mir ein Gefühl von Stärke, von Macht, wie ich es lange Zeit nicht mehr empfunden hatte. Ich stand auf und sagte es laut:

»Ich bin noch nicht am Ende.«

Als Nichole an diesem Abend heimkam, erzählte ich ihr von meinem Erlebnis.

»Pack deine Sachen zusammen, Schatz. Wir kehren zurück.«

»Wohin denn?«

»Zur ›Wir-halten-zusammen-Clique‹«, antwortete ich. »Zu Joey, Ingrid, Carmen. Zu deiner Schule, deinen Freunden. Ich kehre zu meiner Arbeit zurück. Und wir beide kehren ins Leben zurück.«

»Ist das dein Ernst?« fragte sie, während sie bereits übers ganze Gesicht strahlte. »In Stillwater hast du doch oft sehr gelitten. Bist du dir also wirklich sicher?«

»Ja«, versicherte ich. »Ich bin bereit.«

»Und was ist mit dem Haus? Du hast doch schon ein paarmal versucht, es zu verkaufen, aber ohne Erfolg. Was sollen wir nur machen? Es ist so groß.«

»Ich sag dir, was wir machen. Wir nehmen uns an der Hand, gehen durch diese Eingangstür hinaus ins Freie und blicken nie mehr zurück. Es sind noch eineinhalb Jahre, bis du deinen Abschluß machst und aufs College gehst. Wir werden also das schönste Jahr zusammen verbringen, das je einer Mutter und ihrer Tochter vergönnt war.«

Es gibt die Jahreszeiten des Herzens. Unser Leben unterliegt ihrem Rhythmus im gleichen Maße wie die gesamte Natur. Diese inneren Phasen kann man ebensowenig erzwingen wie den Frühling, indem man nach draußen geht und an den zarten Grashalmen zieht, damit sie schneller wachsen.

Es dauerte eine Weile, bis mir diese Zusammenhänge klar waren. Weder ich noch Nichole hatten jenen kämpferischen Geist eingebüßt, der uns Kraft gibt. Vielmehr wurden wir beide vertraut gemacht mit den Notwendigkeiten und Eigenheiten des Herzens.

Dritter Teil

Elf

Zur Liebe braucht man Mut.

Anonym

Auf dem Rückweg nach Minneapolis fliege ich über Las Vegas, um Louie zu treffen. Wir haben uns eine ganze Zeitlang nicht gesehen. Das geplante Beisammensein wird uns guttun.

Wir essen chinesisch. Er hält die chinesische Küche für die beste der Welt. Hinterher gehen wir in ein Varieté. Am Anfang kommt dort ein Zaubertrick. Ich liebe die Magie und den Zauber. Dann frage ich Louie, was als nächstes dran ist.

»Die Darbietung mit dem Affen«, antwortet er. »Es ist jener Affe, von dem ich dir seit Jahren immer wieder erzähle.«

Ich beobachte, wie die Affen ihre üblichen Kunststücke zeigen. Am Ende der Nummer, in dem Augenblick, da der Dresseur das Signal gibt, verdreht der Orang-Utan die großen Augen, schmatzt mit den Lippen und sagt: »Ma-Ma.«

»Ja, jetzt will ich wieder Mama sein«, versichere ich ihm.

»Ich mag Tiere, die sprechen können, aber nicht wissen, was sie eigentlich sagen«, flüstert er mir zu.

Später, bevor ich den Nachtflug nach Minneapolis antrete, erläutert Louie, wie sich seiner Meinung nach die Welt einer Zeit der seelischen Heilung, des inneren Friedens, annähern könnte, in der die Menschen lernen, wahre Freude zu empfinden.

Dann schaut er mir direkt in die Augen. »Ich habe

mir große Sorgen um dich gemacht. Aber das ist jetzt vorbei. Du bist wieder ganz offen. Und du hast es geschafft, zu dir zu stehen und von deiner Kraft Gebrauch zu machen.«

Nach der Vorstellung hat ein Fotograf Louie und mich dabei aufgenommen, wie jeder von uns einen Orang-Utan im Arm hält. Nichole meint, das Foto sei ein typischer Kodak-Schnappschuß.

....

Es war ein einfacher Wunsch: *Ich möchte mir einen Vogel zulegen.*

Es fing an mit einer Fernsehsendung über Vögel, die als Haustiere gehalten werden. Scotty hatte mich darauf aufmerksam gemacht. »Schau doch mal«, sagte er.

Scotty war nach dem Umzug, eigentlich am Umzugstag, wieder in mein Leben getreten. Ich hatte schnell eine neue Wohnstätte gefunden – ein kleines Reihenhaus in Stillwater. Die Männer von der Speditionsfirma fanden sich morgens ein, schienen aber verwirrt und besorgt zu sein. Ich sprach kurz mit dem Vorarbeiter und erfuhr, daß in der letzten Nacht sein achtundzwanzigjähriger Bruder gestorben war.

Als wir alle umhergingen und schauten, was als nächstes zu tun war, läutete das Telefon. Es war Scotty. Wir hatten schon einige Male am Telefon miteinander gesprochen – nein, gestritten. Er wisse, daß heute der

Umzug stattfindet, sagte er, und könne sich denken, daß ich wohl etwas Hilfe bräuchte.

Der Umzug bescherte mir zwei überraschende Einsichten. Von ein paar Möbelstücken abgesehen, paßte unsere Einrichtung nicht ins neue Haus; sogar die Dekoration wirkte altmodisch und plump.

Zum anderen fiel uns dieser Neuanfang schwerer, als wir beide anfangs gedacht hatte. Es war, als würden wir ständig bergauf gehen – jeder Schritt kostete uns viel Mühe und Konzentration. Weder für Nichole noch für mich war es ein Spaziergang. Vielmehr begann unser neuer Lebensabschnitt damit, daß wir allmählich begriffen, wie stark wir eigentlich waren und welch große Aufgaben wir bewältigen konnten.

Nichole zwang sich zur Disziplin: Sie wollte pünktlich in der Schule sein, Hausaufgaben machen und ihre Noten verbessern. Sie war nun ganz versessen darauf, das College zu schaffen.

Ich für mein Teil versuchte, die Arbeit wiederaufzunehmen. Ich hielt einige Vorträge, hatte jedoch nicht viel zu sagen. Die Menschen waren mitfühlend und freundlich. Sie hörten mir zu. Aber ich fragte mich andauernd, was ich da eigentlich tat und warum ich es tat.

Selbst die einfachsten Beschäftigungen waren für uns beide äußerst anstrengend und mit genauso unterschiedlichen wie heftigen Gefühlen verbunden.

An Shanes zweitem Todestag hatten Nichole und ich auf einer Tagung über seelischen Kummer in Texas gesprochen. Das war für uns eine reinigende, heilsame Erfahrung gewesen, zugleich ein Wendepunkt. Aber in vielerlei Hinsicht konnte Nichole wesentlich mehr zu diesem Thema beitragen, sich besser mitteilen als ich.

Ich weinte immer noch jeden Tag, sobald man mich allein ließ. Und ich war weiterhin voller Ängste, an die ich nicht herankam, ganz gleich, wie oft ich in die Therapie ging oder was ich sonst noch alles unternahm, um ihrer Herr zu werden. Schon ganz normale Tätigkeiten – wie etwa zur Tankstelle zu fahren – überforderten mich. Schwierige Aufgaben – einen Vortrag zu halten oder an einer geschäftlichen Besprechung teilzunehmen – versetzten mich in Panik. Ich mußte jedes einzelne Wort, das in meinen Reden vorkommen sollte, fein säuberlich aufschreiben.

Es fiel mir schwer, dem Leben zu vertrauen. Immerzu wartete ich darauf, daß mir erneut der Boden unter den Füßen weggezogen würde. Nie hatte ich das Gefühl von Sicherheit oder Geborgenheit.

Ich konnte es kaum fassen, wie sehr meine Aufmerksamkeit und meine Konzentration gelitten hatten. Dennoch war ich entschlossen, diesen Zustand zu überwinden; eine solche Einstellung hatte mir lange Zeit gefehlt.

Eines Tages parkte ich meinen Wagen vor einem Geschäft, das Devotionalien anbietet. Als ich eintrat, fragte mich die Verkäuferin, ob ich etwas Bestimmtes suche.

»Ich weiß noch nicht«, sagte ich zu ihr. »Aber wahrscheinlich muß es mir einfach in die Augen springen.«

Ich entschied mich für einen wunderschönen Rosenkranz aus roten Perlen und für ein Lederhalsband, an dem ein Metallkreuz hing. Ich wußte nicht, warum ich den Rosenkranz kaufte. Ich bin keine Katholikin. Aber irgendwie fühlte ich mich zu diesem Gegenstand hingezogen. Ich lernte das Ave Maria auswendig und fing an, es immer wieder herzusagen, während ich den Rosenkranz zwischen den Fingern hielt.

»Ave Maria, voll der Gnade. Gesegnet bist du unter allen Frauen. Und gesegnet ist die Frucht deines Leibes, Jesus Christus. Heilige Maria, Mutter Gottes, bete für uns jetzt und in der Stunde unseres Todes. Amen.«

Zweimal stahl ich mich in die St. Michael's Catholic Church in Stillwater – um am Sonntagsgottesdienst teilzunehmen und um die heilige Kommunion zu empfangen. Als ich mit den anderen in einer Reihe stand und auf Hostie und Wein wartete, hoffte ich, daß niemand mich darauf ansprechen würde, wie ich als Nichtkatholikin dazu käme, eine katholische Feier zu besuchen. Aber ich brauchte diese Nähe zum Ritual, um mich mit Gott verbunden zu fühlen.

Ich erinnerte mich auch an andere Werte, die mir in der Vergangenheit sehr nützlich gewesen waren, und versuchte, mein Leben nach ihnen auszurichten: Anderen einen Dienst erweisen. Dankbar sein. Oder einfach nur die Verantwortung für sich selbst, für das eigene Leben übernehmen – und zwar jeden Tag. Egal, von welchen Schicksalsschlägen man getroffen wird, egal wie ungerecht das Leben einem vorkommt. Ich hatte an diese Werte die ganzen Jahre über geglaubt und sie zur Maxime meines Handelns gemacht, aber seit Shanes Tod war ich dazu nicht mehr in der Lage gewesen.

Darüber hinaus griff ich auf andere Hilfsmittel zurück. Ich hatte gelesen, daß allein schon durch genaue Beobachtung eine Wechselwirkung zwischen dem Betrachter und einem Gegenstand entsteht, daß bereits dieser einfache Wahrnehmungsakt das Geschehen beeinflußt, ja verändert. Also setzte ich mich mit mir selbst auseinander und beobachtete in aller Ruhe, was in meinem Innern vorging.

Allmählich wurde mir bewußt, daß meine Gefühle verschiedene Farben annehmen, ähnlich wie das Meer, je nachdem, was für ein Sturm sich gerade zusammenbraut. Wenn er vorüber ist, kommt die Sonne wieder zum Vorschein. Das heißt, ich mußte lernen, das Ende des Sturms abzuwarten und darauf zu vertrauen, daß er mit der Zeit tatsächlich abflaut.

Obwohl ich immer noch nicht schreiben konnte, belegte ich an der Universität mehrere weiterführende Kurse. Ich nahm an einem kunstgeschichtlichen Seminar zum Thema »Die Macht des Sehens« teil, an einer Lehrveranstaltung, die sich mit den Mythen und Fakten um König Artus und die Ritter der Tafelrunde auseinandersetzte, sowie an einem Kolleg, in dem es um das Geistige in der Kriminalliteratur ging.

Am Ende dieses Kurses forderte uns der Dozent auf, eine kurze Abhandlung zu schreiben: Jeder Teilnehmer sollte darlegen, was er über die geistige Dimension dieser Texte herausgefunden hatte. Wir sollten unsere Referate im Seminar vortragen.

Als ich an der Reihe war, wanderte mein Blick vom Dozenten zu den anderen Studenten, die um den großen Tisch versammelt waren, an dem wir immer saßen.

»Ich habe kein Referat verfaßt«, sagte ich. »Aus irgendeinem Grund kann ich immer noch nicht schreiben. Das will ich etwas näher erläutern.« Nach einer kleinen Pause fuhr ich fort: »Daß ich überhaupt an diesem Ort bin, daß ich genügend Interesse zeige, um das Haus zu verlassen und die halbstündige Autofahrt auf mich zu nehmen, daß ich meine Ängste soweit aufgearbeitet habe, daß ich dieses Gebäude betreten kann, ist meiner Meinung nach ein Wunder.

Ich war mir nicht sicher, ob ich mich dieser Aufgabe stellen sollte. Ich wußte nicht, ob ich sie bewältigen würde oder ob ich es überhaupt schaffe, alle vorgeschriebenen Werke zu lesen und auszuwerten. Aber gestern, am späten Abend, habe ich mich doch dazu entschlossen. Ich blieb bis zwei Uhr auf. Und nun möchte ich Ihnen mitteilen, was mir in dieser Zeit klargeworden ist.

Für mich besteht kein Zweifel daran, daß der Kampf zwischen Gut und Böse ein wesentlicher Bestandteil der hier erörterten Literatur ist. Auch die Frage nach dem Täter spielt dabei natürlich eine große Rolle. Aber keiner dieser beiden Aspekte erklärt die geistige Dimension des Krimis. Denn diese offenbart sich gerade darin, daß der Leser beim Geheimnis selbst verweilt, daß er an jedem Wort, jedem Satz, jedem Kapitel quasi hängenbleibt – bis das Rätsel am Ende gelöst ist.«

Die anderen schauten mich an. Eine blonde Frau, etwa Mitte Vierzig, ergriff das Wort.

»Habe ich Sie nicht schon im König-Artus-Seminar gesehen?«

»Ja, das kann sein«, antwortete ich.

»Sie suchen nach dem Heiligen Gral, nicht wahr?«, sagte sie.

Obwohl es mir unglaublich viel Mühe machte, das tägliche Leben fortzusetzen, fand ich allmählich zu einem neuen Rhythmus, der so konstant war wie mein Herzschlag. Keinesfalls konnte ich ihn erzwingen; aber wenn ich mich entspannte, Vertrauen hatte und empfänglich war, konnte ich mit diesem noch ungewohnten Lebensrhythmus in Berührung kommen.

»Mir fehlt der Mensch, der ich einmal war«, sagte ich zu meiner Therapeutin während einer unserer Sitzungen. »Ich vermisse die Fähigkeit, die ich einmal besaß, nämlich einfach etwas zu tun – einen Entschluß zu fassen und die entsprechenden Schritte zu unternehmen.«

»Sie verfügen immer noch über Ihre Stärken«, sagte sie. »Diese können Sie auch weiterhin nutzen. Und vielleicht sind Sie gerade dabei, eine neue Art von Kraft kennenzulernen.«

Ich begann zu begreifen, was sie meinte, als ich einer Freundin beistand, die am Sterbebett ihres Vaters saß.

Die Nachricht war eines Nachmittags auf dem Anrufbeantworter. Eine Freundin brauchte meine Hilfe. Ihr Vater lag im Sterben. Vor zwanzig Jahren war ich mit ihm, einem Arbeitskollegen, befreundet gewesen. Sein Zustand hatte sich rapide verschlechtert, und man gab ihm noch zwei, vielleicht drei Wochen. Sie hatte ihn jahrelang nicht mehr gesehen. Erst kürzlich war er in die Stadt und in ihr Leben zurückgekehrt. Sie hatten ihre Meinungsverschiedenheiten beigelegt. Innerhalb weniger Tage versagte seine Leber, schwoll sein Bauch an; daraufhin wurde er ins Krankenhaus eingeliefert.

»Ich will das bis zum Ende mit ihm durchstehen«, sagte sie. »Ich will die ganze Zeit bei ihm sein. Er hat niemanden sonst. Aber auch ich bin völlig allein. Jeder, den ich kenne, hat Angst – Angst vor dem Tod, Angst vor dieser ganzen Geschichte.«

Ich sagte, wir könnten gemeinsam bei ihrem Vater bleiben. Aber als ich dann die Krankenhausflure entlangging, um dessen Zimmer zu finden, war ich doch ängstlich und besorgt. So vieles erinnerte mich an das Grauen, das ich durchgemacht hatte, und beschwörte es erneut herauf, als wäre es gerade gestern geschehen. Dazu trug allein schon die Krankenhausatmosphäre bei. Aber als ich dann ins Zimmer trat und meine Freundin am Arm berührte, war ich überrascht. Ich fühlte mich völlig ruhig und stark. Ich umklammerte den Rosenkranz in der einen, das Metallkreuz in der anderen Hand. Ich fragte ihren Vater, ob er mit dem Kreuz etwas anfangen könne. Er sagte ja. Seine Tochter band es ihm um den Hals. In jenen Wochen saßen wir beieinander und litten gemeinsam. Ich kam, so oft ich konnte.

Wir sprachen miteinander, saßen still da, taten all jene Dinge, die Menschen tun, wenn sie jemandes Tod erwarten. Inzwischen war ihr Vater kaum noch bei Bewußtsein; er nahm fast nicht mehr wahr, was um ihn herum vorging.

Eines Morgens rief sie mich an. »Komm jetzt«, sagte sie. »Ich weiß, daß es heute passiert.«

Als ich im Krankenhaus eintraf, war sie ganz durcheinander. »Irgend etwas stimmt nicht«, meinte sie. »Ich weiß, daß er bereit ist zu sterben. Aber irgend etwas Wichtiges fehlt noch. Nur habe ich keine Ahnung, was es ist. Solange wir das nicht herausgefunden haben, kann er nicht von uns gehen. Und er ist schon zu schwach, zu benommen, um es uns selbst zu sagen.«

Ich atmete tief durch. »Es wird uns schon einfallen«, sagte ich. »Wir müssen uns nur entspannen und innerlich offen sein.«

Wir gingen nach unten zum Getränkeautomat in der Eingangshalle. Während wir so dastanden und an unserem Mineralwasser nippten, kam ein alter Freund ihres Vaters zur Tür herein. Als er uns sah, ging er direkt auf uns zu.

»Sie haben Ihren Vater im Laufe der letzten Jahre nicht oft gesehen, stimmt's?« fragte der Mann.

»Nein«, sagte sie. »Er ist gerade in mein Leben zurückgekehrt. Und jetzt geht er schon wieder.«

»Wußten Sie, daß er katholisch erzogen wurde?« fragte er.

»Nein, ich dachte, er wäre evangelisch«, antwortete sie.

Und dann sagten wir beide gleichzeitig: Letzte Ölung.

Wir riefen einen Priester herbei. Danach war ihr Vater sichtlich ruhiger. Sein Atemrhythmus änderte sich ebenso wie die anderen lebenswichtigen Funktionen. Die Schwestern und Pfleger schoben ihn in ein separates Zimmer.

»Ich laß euch beide allein«, sagte ich.

Ich ging hinunter in die Cafeteria, aß ein Sandwich und kaufte eines für meine Freundin. Als ich ins Zimmer zurückkam, saß sie im Stuhl. Sie sah müde und abgespannt aus. Ich bot ihr das Sandwich an.

Sie betrachtete ihren Vater.

»Laß uns rausgehen«, sagte sie. »Ich brauche eine kleine Pause. Ich esse unten.«

Auf dem Krankenhausgelände gab es einen kleinen Bereich mit Tischen und Bänken, wo wir uns hinsetzten. Sie aß ihr Sandwich auf und knüllte das Papier zusammen. Wir schauten uns an. Die Sonne strahlte und verbreitete eine angenehme Wärme. Vier Vögel hatten sich neben unseren Füßen niedergelassen und zwitscherten. Ein Eichhörnchen rannte in Richtung meiner Freundin und machte Männchen vor ihr, um etwas zu fressen zu bekommen.

Ich zeigte auf die Tiere. »Sind sie nicht großartig?«

Wir gingen ins Krankenhaus zurück. An der Eingangstür kam uns eine Schwester entgegen. »Es tut mir leid«, sagte sie. »Er ist eben gestorben.«

Ich hielt ihre Hand und drückte mein Beileid aus. Ich wußte, daß nun auch sie jene Reise angetreten hatte – die Reise zum Herzen.

Die Beziehung zwischen Scotty und mir trat in eine völlig neue Phase ein. Obwohl wir fast zweieinhalbtausend Kilometer voneinander getrennt waren, tauchte er auf, wann immer ich ihn brauchte oder sehen wollte.

Bei einem dieser Besuche erfuhr ich auch mehr über Vögel als Haustiere. Scotty spielte mit der Fernbedienung und schaltete von einem Kanal auf den anderen, bis er bei einer Sendung über Vögel verweilte.

Der kleine Vogel, der da im Bild auftauchte, war in der Mauser und hatte kaum noch Federn. Aber er hüpfte im Haus herum, rollte sich auf den Rücken und ließ zu, daß sein Besitzer ihn am Bauch kraulte. Ich war ganz fasziniert von diesem reizenden, intelligenten Wesen.

Da kam mir die Idee mit dem Vogel. Ich wußte, daß

mein Entschluß richtig war, und wandte mich an Scotty: »Ich möchte mir einen Vogel zulegen.«

Am nächsten Tag gingen wir in eine Tierhandlung. Ich betrachtete die Papageien. Ich mochte sie, war mir aber nicht sicher, ob dieser Vogel der richtige für mich war.

»Wenn du dir einen Papagei anschaffst, dann einen afrikanischen Graupapagei«, sagte Scotty.

Er fuhr fort, diese Papageienart in höchsten Tönen zu loben. Einige meinten, sie seien so intelligent wie Affen, hätten ein Vokabular von einigen hundert Wörtern und könnten Hunderte von Tönen hervorbringen. Außerdem seien sie sehr anhänglich und würden bis zu siebzig Jahre alt werden.

»Lies mal«, sagte er und zeigte auf einen Artikel in einer Vogelzeitschrift, die im Geschäft auslag.

Da stand, daß ein afrikanischer Graupapagei, der beim Tierarzt abgeliefert wurde, sich an seinen Besitzer gewandt und gesagt habe: »Bitte laß mich nicht allein.«

In diesem Augenblick war mir vollends klar, daß ich einen Vogel wollte. Und zwar einen afrikanischen Graupapagei.

»Okay«, sagte ich. »Wo kriege ich so einen?«

Bald sah ich, daß sich das ganze Unternehmen schwieriger gestaltete als angenommen, weil diese Papageienart nur selten zu finden war. Erstens gab es nicht sehr viele Exemplare, zweitens mußte man den Vogel suchen, der wirklich zu einem paßte. Wir riefen in zahlreichen Tierhandlungen an, hatten aber in ganz Minnesota keinen Erfolg. Kurze Zeit war ich ratlos.

Aber ich machte mir keine Sorgen, denn ich wußte genau, daß ich meinen Vogel schon bekommen würde.

Und ich behielt recht. Louie entdeckte ihn in Kalifornien und schickte ihn mir zum Geburtstag. Ich holte ihn am Flughafen ab. Sein Name war Max.

Ich spähte in den Reisekäfig. Er war grau, ungefähr so groß wie eine Taube und hatte rote Schwanzfedern. Er schaute mich an.

»Na?« sagte er.

Bald nach seiner Ankunft in Minnesota wurde Max krank. Ich befürchtete, daß er sterben, daß ich auch ihn verlieren würde. Er hatte so viel Freude und Leichtigkeit in unser Leben gebracht. Von Anfang an waren wir uns vertraut. Er hatte schon damit begonnen, mein Lachen nachzuahmen. Ich war verblüfft, daß er so oft lachte, und es verblüffte mich noch mehr, daß wir alle so oft lachten.

Als ich mit ihm bei der Tierärztin war, versicherte sie mir, daß es Max bald wieder gutgehen würde. Sie fragte mich, wie ich den Vogel behandelte, wie ich auf ihn reagiert hätte. »Behutsam«, antwortete ich. Ich nahm ihn nicht oft auf den Arm, und wenn doch, trug ich Backofenhandschuhe. Wenn er aus dem Käfig war, dauerte es manchmal Stunden, bis ich ihn eingefangen und dorthin zurückbefördert hatte.

»Um den Vogel mache ich mir keine Sorgen«, sagte die Ärztin, »sondern um Sie. Dieser Papagei beherrscht

Sie. Er weiß, daß Sie Angst vor ihm haben. *Sie* müssen von nun an das Kommando übernehmen.«

Ich holte tief Luft. »Ich bin keine Vogelexpertin«, erwiderte ich. »Aber wenn das stimmt, was ich gelesen habe, dann kann dieser Schnabel einen Druck ausüben, der etwa dreihundert Pfund entspricht. Stimmt das?«

Die Ärztin nickte.

»Also könnte er mir mit einem einzigen kräftigen Biß den Finger abtrennen, nicht wahr?«

Auch diese Frage bejahte sie.

»Und trotzdem verlangen Sie von mir, daß ich ihm Einhalt gebiete, daß ich mit ihm fertig werde?«

Erneut sagte sie ja.

Ich nahm den Papagei mit nach Hause, streifte die Backofenhandschuhe über, holte ihn aus dem Käfig und setzte ihn wieder dort ab. Dann ging ich in mein Schlafzimmer und schaute mir jene beiden Videoaufzeichnungen an, die ich in den letzten zwei Jahren oft hervorgeholt hatte.

Bei der ersten war Shanes Basketballspiel zu sehen, das ich am Morgen vor seinem Unfall besucht hatte. Eine Mutter hatte ihren Sohn gefilmt und war so freundlich gewesen, eine Kopie anfertigen zu lassen und sie mir zuzuschicken.

Auf dem zweiten Video war Shanes Beerdigung festgehalten. In meiner Verzweiflung hatte ich jemanden gebeten, das Ganze zu filmen. Ich wußte damals, daß dies mein letztes Andenken an ihn sein würde – und daß ich während der Zeremonie bestimmt nicht die Kraft hätte, viel aufzunehmen.

Ich verfolgte das Basketballspiel am Bildschirm. Shane wirkte so gesund und kräftig, so durch und durch lebendig. Ich konnte seine Stimme hören, wenn er seinen Mannschaftskameraden etwas zurief. Später legte ich den Film von der Beerdigung ein, der damit endet, daß Hunderte von bunten Luftballons in den Himmel steigen, wobei einer immer ein Stück hinterherfliegt.

Kein Wunder, daß ich derart fassungslos war, dachte ich. Innerhalb weniger Tage waren wir vom Basketballspiel zur Beisetzung übergegangen. Und wie ich da so saß und meinen Gedanken nachhing, hatte ich das Gefühl, daß Gott mich beobachtete. Zum ersten Mal seit Jahren war mir, als würde mir dieses allgegenwärtige Wesen einen liebevollen Blick zuwerfen.

Und dann fragte ich mich, ob das Leben nicht jenem Tier gleicht. Man weiß nur allzugut, wie schrecklich es sein kann, wenn es sich gegen einen wendet. Aber dann muß man die Schultern straffen, so tun, als wäre man mutig und zuversichtlich, und ihm trotz allem die Stirn bieten.

Ich ging zu Max' Käfig hinüber und streckte meine Hand aus. Er kletterte daran hoch und fixierte mich.

»Hallo«, sagte ich zu ihm.

Zwölf

»Warum sollte den Menschen an der Liebe etwas liegen, wenn ihnen doch nur das Herz gebrochen wird?« fragte sie.
»Weil wir in der Liebe unsere Sache am besten machen«, antwortete ich.

Ich gehe durch das Restaurant in Richtung Ausgang. Im Vestibül, direkt neben der Kasse, hängt ein Bild an der Wand.

Ich habe diese Bilder schon in den Auslagen großer Warenhäuser zu Gesicht bekommen. Zunächst sieht man nur einen einfachen Druck, der immer wieder das gleiche Muster aufweist, eine Art Struktur. Das Ganze hat keinen hohen künstlerischen Wert, ist aber ganz nett anzuschauen.

In diesem Muster ist ein anderes verborgen, das eigentliche Bild. Dieses entdeckt man nur durch einen ganz bestimmten Blick. Ich habe gehört, daß man solch dreidimensionale Betrachtungsweise am besten erreicht, indem man sich entspannt, nicht mehr krampfhaft auf die einzelnen Formen starrt, um so die Widerspiegelung von etwas anderem wahrzunehmen. Konzentriere man sich dann auf diese Widerspiegelung, komme im Hintergrund das wahre Bild zum Vorschein.

Dieser »Blick in die Tiefe« war mir nie wirklich geglückt, und ich habe so lange geschaut, bis ich schielte. Heute aber bin ich fest entschlossen, das Bild »zu erobern«.

Ich zahle meine Rechnung, ziehe einen Stuhl heran und setze mich direkt vor die Klasse. Ich werde erst wieder aufstehen und gehen, wenn ich gesehen habe, was mir bisher verborgen war.

. . . .

Es war auf dem Rückweg zu meinem Hotel in Dallas, als mich dieser Gedanke durchfuhr:

Es ist Zeit, daß du deine innere Botschaft änderst.

Ich hatte gerade meinen einstündigen Vortrag beendet. Das Sprechen fiel mir schwer. Schon dieses Minimum an Arbeit belastete mich. Aber Ahmos schlug vor, ich solle nun wieder einige Vorträge annehmen.

Ich war mir da nicht so sicher.

Ich hatte ja nicht viel zu sagen.

Die ganze Stunde hatte ich mich an meine Notizen geklammert und die vorbereitete Rede Wort für Wort abgelesen, nur für den Fall, daß mich, während ich am Pult stand, wieder jene amnesieähnliche Leere überkommen würde, die auf meinen Kummer zurückzuführen ist. Meine Geschichte war aufrichtig und einfach. Aber sogar ich wurde ihrer langsam überdrüssig.

»Mein Sohn ist gestorben. Ich mußte viel durchmachen. Habe gekämpft, mir Mühe gegeben. Aber ich bin immer noch durcheinander und tue mich weiterhin schwer. Ich danke Ihnen sehr …«

Ich machte mir klar, daß ich ja nur aus tiefstem Herzen sprechen mußte, selbst wenn dadurch nichts anderes als meine Verwirrung und Hoffnungslosigkeit zum Ausdruck kam. Aber im Grunde kapierte ich einfach nicht, wozu diese Reise, dieser Ausflug, diese Erfahrung gut war, welchen Zweck das alles hatte.

Meine Therapeutin betonte immer wieder, ich würde versuchen, einer sinnlosen Sache, die mir möglicherweise niemals sinnvoll erscheinen würde, trotzdem einen Sinn abzugewinnen. Damit hatte sie vielleicht recht. Aber ich mußte wenigstens das Gefühl haben, daß diese ganze Sache eine bestimmte Bedeutung hat.

Auch verstand ich nicht, was der Inhalt, der Wert meines Lebens war. Und ich fragte mich allmählich, ob ich das je herausfinden würde.

Da hörte ich diesen Satz wieder: *Es ist Zeit, daß du deine innere Botschaft änderst.*

Irgendwie wußte ich, daß das wohl stimmte. Trotzdem hatte ich keine Ahnung, was damit gemeint war. Ich beschäftigte mich nicht weiter damit, schloß die Hotelzimmertür auf, packte meine Sache zusammen und fing an zu weinen. Das überraschte mich nicht. Seit Shanes Tod war dieses Weinen gleichsam zu meiner zweiten Natur geworden, und wann immer es nötig war, heulte ich los. Ich lachte auch viel; aber oft mußte ich weinen.

Seitdem ich mich bemühte, einen Neuanfang zu wagen und ins Leben zurückzukehren, zeichnete sich ein ganz bestimmtes Verhaltensmuster ab. Denn sobald ich einen Schritt vorwärts machte und auch nur den kleinsten Erfolg verbuchte, weinte ich. Es war so schmerzlich, den Weg ohne Shane fortzusetzen.

Ja es brachte mich in Wut, daß ich weiterleben *mußte*.

Ich hörte auf zu packen und tat etwas, das mir lange Zeit fremd gewesen war. Ich sprach laut mit Gott.

»Okay«, sagte ich. »Ich werde es tun. Ich finde mich damit ab, daß mein Sohn tot ist. Er ist von mir gegangen und wird für den Rest meines Lebens nicht wieder zurückkehren; daran kann ich nichts ändern. Aber es ist mir völlig egal, was die anderen Leute über den Himmel und das Leben nach dem Tode sagen, indem sie mir versichern, wie glücklich Shane jetzt sei. Ich kenne meinen Sohn. Ich weiß, wie wir drei miteinander umgegangen sind, wie lieb wir uns hatten. *Und ich bin davon überzeugt*, daß er mich vermißt, wo immer er auch sein mag. Er vermißt uns so sehr wie wir ihn. Ich akzeptiere also dieses ganze ekelhafte Durcheinander und lebe weiter. Aber dafür mußt du etwas für mich tun. Ich fordere dich auf, ihm etwas zu geben. Ein Geschenk. Etwas, das er immer und ewig behalten kann und das ihn daran erinnert, wie sehr wir ihn lieben. Etwas, das stets in seiner Nähe ist, damit er meine Liebe besser fühlen kann – so lange, bis wir wieder vereint sind.«

Im Zimmer breitete sich eine große Stille aus. Und ich schwöre, daß ich folgendes hörte – nicht mit meinen Ohren, aber in meinem Herzen, so deutlich, als hätte ich es von außen vernommen –:

Und was für ein Geschenk soll das sein?

Ich ging im Zimmer auf und ab und dachte nach. Ich kenne meinen Sohn – besser als irgend jemand sonst auf der Welt. Ich weiß, was ihn glücklich macht. Ich bin vertraut mit den Dingen, die er sich immer wünschte, über die er sprach, die er mochte. Und plötzlich war mir klar, welches Geschenk ich ihm schicken wollte – und welches das einzig passende war.

Ein Papagei, der sprechen kann.

In diesem Moment begriff ich, wer mir Max geschickt hatte.

Max war Shanes Geschenk für mich, mit dem er mir helfen wollte, innerlich wieder gesund zu werden.

Ich weinte und lachte. Mit einemmal war mir leichter ums Herz. Und so ließ ich jenen anderen Ballon los, den ich seit dem Tag der Beisetzung immer noch festgehalten hatte.

Es gab zwei Sachen, die ich ersehnte und brauchte. Über die erste hatte ich nie mit jemandem gesprochen; es ging darum, eine Art Verbindung zu Shane herzustellen, obwohl er nicht mehr da war. Genau dies hatte soeben stattgefunden.

Zum anderen wollte ich meine Beziehung zu Gott ins reine bringen.

Diese Nacht, in der ich nach Hause zurückkehrte, war wirklich seltsam. Aufgrund meiner ermutigenden Einsichten über Max war ich einige Stunden lang froher als sonst, aber allmählich verfiel ich doch wieder in den alten Zustand. Abermals empfand ich jene schreckliche Angst und düstere Stimmung, die die Seele einhüllt und abtötet. Der kalte Krieg, den ich gegen Gott führte, wurde mir erneut bewußt.

Ich war maßlos wütend und verbittert – nicht nur über den Tod meines Sohnes, der mir natürlich am allermeisten zu schaffen machte, sondern auch über mein eigenes Leben.

Seit dem Tage, da meine Seele und mein Körper auf diesen Planeten kamen, war mein Leben anders verlaufen, als ich es erwartet hatte.

Eine Kindheit, die inmitten einer chaotischen und leidgeplagten Familie gar kein Ende mehr nehmen wollte – so daß ich schon mit elf anfing, auf dem Kalender die Tage bis zu meinem achtzehnten Geburtstag zu zählen und abzuhaken.

So stolperte ich durchs Dunkel, tastete mich voran, um allmählich reifer und erwachsen zu werden.

Eine Ehe, in der all meine Wünsche in Erfüllung gehen sollten und die zehn Jahre später mit der Scheidung endete.

Jahre, in denen ich hart kämpfen mußte, um die Einsamkeit und die Armut zu überwinden, die daraus resultierte, daß ich alleinerziehende Mutter mit sehr niedrigem Einkommen war.

Dann drei Jahre auf dem Gipfel des Erfolgs. Ja, drei Jahre, die die besten meines Lebens waren. Endlich hatte ich eine intakte Familie und eine Arbeit, die sich auszahlte. Die Träume waren Wirklichkeit geworden.

Daraufhin der Absturz, die Kehrseite des Glücks; ich verlor alles und wurde in den letzten Jahren von einem tiefen emotionalen, psychischen, mentalen und manchmal auch physischen Schmerz gepeinigt, der so schlimm war, daß ihn meiner Meinung nach kein Mensch aushalten konnte oder sollte. Ich hatte die Wahl, ohne jenes Wesen zu leben, nach dem ich die größte Sehnsucht hatte, oder überhaupt nicht mehr zu leben.

Man mußte kein mathematisches Genie sein, um diese Zahlen zu addieren und einander gegenüberzustellen: zweiundvierzig Jahre mühsamer und schmerzlicher Kampf, drei Jahre Freude, Wohlergehen, Erfüllung.

Zweiundvierzig dürre Jahre, um auf drei fruchtbare Jahre zu warten.

Zweiundvierzig Jahre lang Träumen nachjagen, die sich fast alle zerschlagen haben.

Ich verstand das alles nicht, ganz und gar nicht. Ich hatte jahrelang gelernt, die schönen Seiten des Lebens, das Positive, das Richtige zu sehen. In dieser Zeit hatte ich mich selbst davon zu überzeugen versucht, daß ich kein Opfer bin. Und nun hatte ich es satt, mir ständig mit viel Mühe einzureden, daß dieses Verhalten gut und angemessen sei.

Es erschien mir weder angemessen noch gut.

Das Leben bestand größtenteils aus einer Serie von Enttäuschungen. Und mit der Zeit wurden sie immer größer. Zwar waren die Dinge, die ich wollte, oft in greifbarer Nähe, aber immer gab es einen Haken. Ich hatte genug von diesen Haken, diesen Fallstricken, und ich hatte keine Lust mehr, weiterhin zuzuschauen, wie das Leben mir quasi zwischen den Fingern zerrann, sobald ich nach ihm griff.

Mein Leben beruhte entweder auf einem lächerlichen Zufall, einem schrecklichen Mißverständnis oder einer bösen Absicht. Ganz gleich, welche dieser Vorstellungen zutraf – wütend war ich allemal. Wenn der Fehler bei mir lag – warum hatte mich dann niemand gewarnt, *bevor* ich das Falsche tat? Und was war mit den Jahren, in denen ich entschlossen danach strebte, mein Bestes zu tun? Aber selbst die größte Zuversicht hatte nicht viel bewirkt.

Der kalte Krieg verwandelte sich in einen heißen Kampf, den ich mit aller Leidenschaft führte. Ich stieg mit Gott in den Ring. Ich wollte eine Erklärung von ihm. Aber es schien keine zu geben. Und so fragte ich mich: Wie willst du einen Kampf gegen Gott gewinnen?

Ich tobte und schrie in den Abgründen meiner Seele bis in die frühen Morgenstunden. Welche Gefühle auch in mir ausgelöst wurden – ich ließ ihnen freien Lauf, verbarg und beschönigte nichts.

Dann geschah es plötzlich, mitten in der Nacht. Ich wußte, was es war, weil ich es schon zweimal vorher erlebt hatte.

Das erste Mal war ich jünger, ungefähr sechsundzwanzig – und ohne Arbeit, ohne Zukunftsperspektive. Ich hatte bereits auf unzählige Zeitungsannoncen geantwortet, bereit, jeden Job anzunehmen. Ich besaß kein Geld mehr, war nahe daran, meine Wohnung zu verlieren, wußte nicht mehr weiter. Eines Tages stand ich an der Ecke und wartete auf den Bus, als der Engel zu mir sprach.

»Dreh dich um«, sagte er.

Ich gehorchte. Vor mir lag das Gebäude einer Bank. Links davon befand sich ein Eingang, durch den man zu einem Anwaltsbüro im zweiten Stock kam. »Geh hinauf und sag dem Mann, der die Kanzlei leitet, daß du eine Arbeit suchst. Mach ihm klar, daß du für ihn arbeiten möchtest.«

Das ist völliger Unsinn, dachte ich. Aber die Stimme klang so sicher, so klar, so ruhig, daß ich ihr bedenkenlos vertraute. Ich ging also die Treppen hoch und bat die Vorzimmerdame, mit dem Leiter der Kanzlei sprechen zu dürfen. Ich trat in sein Büro, ging zum Schreibtisch und sagte ihm, daß ich einen Job suche, daß ich für ihn arbeiten wolle.

»Was für ein Zufall«, sagte er, nachdem er mich angehört hatte. »Ich habe schon daran gedacht, daß ich eine weitere Arbeitskraft gut gebrauchen könnte, bin aber noch nicht dazu gekommen, eine Anzeige aufzugeben. Füllen Sie doch bitte diesen Bewerbungsbogen aus.«

Zwei Wochen später trat ich meine neue Stelle an.

Das zweite Mal – es ist erst acht Jahre her – saß ich erneut ohne Geld und Essen da. Die Kinder und ich hatten Hunger; es gab nur noch eine Kartoffel und eine Dose grüne Bohnen. In den nächsten sieben Tagen waren keine weiteren Einkünfte zu erwarten. Ich hatte versucht, meinen Stolz zu bewahren und niemanden um etwas zu bitten. Aber jetzt war ich tatsächlich auf Hilfe angewiesen.

Ich fuhr zu der örtlichen Essensausgabe; stieg aus

dem Wagen, ging zur Tür. Auf dem Schild stand: »Sind Mittwoch wieder da.« Ich setzte mich wieder ins Auto, legte den Kopf aufs Steuer und heulte. Ich war müde. Ich hatte die Nase voll davon, ständig ums Geld kämpfen zu müssen, arm zu sein, wieder einen neuen Versuch zu starten. Ich war es leid, mich nach der Decke zu strecken, was sowieso nichts brachte, weil sie immer zu weit entfernt war.

Da hörte ich abermals jene Stimme – ein sanftes Flüstern, das genauso überzeugend wie ruhig war und mich wissen ließ, daß ich mir über das Geld keine so großen Sorgen machen solle – es sei denn, ich wollte das unbedingt.

Sofort fühlte ich mich getröstet, ja friedlich. Ich fuhr nach Hause, und wir teilten die grünen Bohnen und die eine Kartoffel unter uns auf.

Es stand zwar keine Truhe voll Gold vor meiner Tür, und ich erhielt auch nicht die Nachricht, daß ich in der Lotterie gewonnen hätte. Aber ein Jahr später landete das Buch, mit dem ich mich damals herumplagte, auf der Bestsellerliste der *New York Times*.

Allmählich ging mir alles leichter von der Hand – nicht weil ich Geld hatte, sondern weil ich innerlich zur Ruhe gekommen war.

Und nun, in meiner Angst, hörte ich wieder dieses Flüstern. Die Stimme war ruhig und fest.

Nach dem morgigen Tag wirst du dein Leben ganz anders sehen als jetzt.

Ich schaltete das Licht aus und schlief ein.

Am nächsten Morgen packte mich erneut die Verzweiflung, und die innere Erregung setzte genau da ein, wo sie am Abend vorher aufgehört hatte. Von meiner Qual niedergedrückt, lag ich starr im Bett.

Die Antwort tauchte sanft und leise auf – und so unaufhaltsam wie die Morgensonne, um mich mit ihrem Licht zu durchfluten.

Jede Erfahrung, die ich in meinem Leben gemacht habe, kreiste um ein bestimmtes Thema.

Jede Lektion, die ich bisher lernen mußte, betraf letztlich und ausschließlich eine Sache – die einzige, die es gibt.

Die Liebe.

Daß sich alles um die Liebe dreht, hatte ich schon gehört. Aber jetzt begriff ich, was die anderen damit meinen.

Der schwierige Lernprozeß, durch den mir bewußt wurde, daß ich ein Innenleben habe; der innere Kampf, den ich ausfechten mußte, um meine Stärken zu erkennen; ja selbst mein maßloser Kummer – all dies handelte von der Liebe.

Im Verlaufe eines geselligen Abendessens hatte ich mit einer Frau gesprochen, die neben mir saß, hatte ihr mein Leid geklagt, ihr erzählt, wie schlimm der Verlust meines Sohnes für mich sei, wie eng wir drei zusammen gewesen seien, wie das Loch in meinem Herzen immer größer werde. Die Frau hatte sich ihrem Mann zugewandt und gefragt: »Hast du je so intensiv geliebt?« »Ich glaube nicht«, antwortete er.

Noch diese dunkelsten und traurigsten Augenblicke waren eine Form von Liebe und gehörten zu deren großen Lektionen. Diesmal war die Lektion zwar schwieriger als sonst, aber dennoch von Liebe durchdrungen.

Allein in meinem Zimmer, lachte ich schallend. Wie hätte denn meiner Meinung nach die Liebe aussehen, sich anfühlen, sein sollen? Etwa so, daß man sich schwärmerisch vorstellt, sanft nach Camelot fortgetragen zu werden? Was wäre damit gewonnen gewesen?

Lieben heißt: verzeihen. Mitfühlend sein. Anderen einen Dienst erweisen. Sich selbst lieben – auch dann, wenn man sicher ist, daß niemand sonst einen liebt oder je lieben wird. Dann sich innerlich öffnen und die Menschen an den eigenen Gedanken und Gefühlen Anteil nehmen lassen.

Glauben.

Akzeptieren: sich selbst, das eigene Leben, die anderen und ihr Leben.

Freunde haben. Mut beweisen. Durchhalten.

Hoffen.

Sich freuen. Lernen, sich bewußt für die Freude zu entscheiden. Dieser einfache, wunderbare Vorgang, bei dem man allmählich einsieht, wie wichtig es ist, jeden Augenblick wirklich zu erleben, jene Freude zu entdecken und auszukosten, die nicht von äußeren Umständen abhängig ist, sondern direkt aus dem Herzen kommt.

Auf welche Weise wollte ich denn mit all diesen Lektionen, diesen Erscheinungsformen der Liebe vertraut werden?

Vertrauen haben. An sich selbst glauben. Lernen, daß man sich auf andere, auf das Leben, auf Gott verlassen kann.

Lernen, wie man spielt und lacht; wie man sich entzieht und wie man manchmal ausharrt, um den Tatsachen ins Auge zu sehen. Die eigenen Bedürfnisse anerkennen, selbst wenn sie nicht so sind, wie es die Leute gerne hätte. Sich selbst achten, auch wenn man nicht dem Bild entspricht, das andere sich von einem machen. Den Vorstellungen hinsichtlich des eigenen Lebens vertrauen – und sie ändern, wenn es in der gewohnten Weise nicht weitergeht. Den eigenen Träumen treu bleiben, sie in die Tat umsetzen und dann sich neue ausdenken. Sich klarwerden über die göttliche und absolute Verbindung, die zwischen allen Dingen dieser Welt besteht und vielleicht schon immer bestanden hat.

Schließlich: dem Tod nicht ausweichen und ihn akzeptieren.

Hatte ich gedacht, all dies »mit links« zu lernen?

Es sah ganz danach aus.

Nun erkannte ich, daß sogar die erbitterten Kämpfe, die schwierigen Phasen, in denen ich fluchte und stöhnte und jammerte, keine Strafe darstellten. Gott hatte nicht vom Himmel herabgeschaut und gesagt: Gut, soll sie eine Zeitlang über Glassplitter kriechen. Da lernt sie was.

Nein, Gott sagte: Schau, sie begreift allmählich, was Liebe ist.

Die Mühe beim Erklimmen des Berges hatte genauso einen Sinn wie das Erreichen des Gipfels.

Ich fühlte mich jetzt so unbeschwert wie seit Jahren nicht mehr – ja vielleicht wie noch nie. Für einen Moment glaubte ich, den Gesang der Engel, einen himmlischen Freudenchor zu hören. Und ich fragte mich, wie lange ich eigentlich gebraucht hatte, diese Lektion endlich zu verstehen.

Ich mußte nicht mehr die ganze Gefühlsskala zwischen Verzweiflung und Euphorie durchleben und mir immer wieder krampfhaft einreden, daß das Leben entweder schmerzlich und furchtbar *oder* erfreulich und wunderbar ist.

Die Wahrheit lautete ganz einfach: Das Leben ist beides – grausam *und* schön.

Ich war nicht auf diese Welt gekommen, um für alle Zeit glücklich zu sein (obwohl es mir nun schien, als könnte ich diesen Zustand tatsächlich erreichen), sondern um die Liebe zu erlernen. Genau darum ging es, egal, was mir gerade widerfuhr.

Sogar jene Ereignisse, die ich dem Zufall zugeschrieben hatte, waren Ausdruck göttlicher, allumfassender Liebe. Ich sah, daß die Liebe eine stets aktive und lebensspendende Kraft ist. Sie war immer für mich dagewesen. Ich mußte nur die Augen aufmachen, sie wahrnehmen und mich für sie entscheiden.

Und in einem weiteren Schritt wurde mir klar, daß diese Lektionen nicht von der Liebe *handeln*, sondern daß sie selbst Liebe *sind*. Sie versinnbildlichen die Reise in die Mitte des Herzens.

Ich erhob mich, ließ den Ballon los und beobachtete, wie er hoch in den Himmel schwebte.

Indem ich das Wesen der Liebe begriff, wurde mir nicht der Schmerz genommen – aber ich wurde innerlich frei.

Das hieß nicht, daß ich nie mehr würde leiden müssen. Ein offenes Herz empfindet Kummer und Verlust genauso intensiv wie Freude und Liebe. Es fühlt all das, was es fühlen muß. Sonst verschließt es sich wieder.

Danke für mein Leben, flüsterte ich in die Luft.

Ich war verblüfft. Endlich meinte ich das wirklich ernst.

Dreizehn

»Im Grunde ist der Sinn für das Wunderbare und Magische nichts anderes als eine Veränderung im Bewußtsein.«

Jamie Sams und David Carson:
Indianisches Medizin-Tarot

Ich gehe ins Wohnzimmer. Nichole sitzt auf dem Boden und durchstöbert ihre Schachtel mit Fotos. Sie schneidet Bilder aus Zeitschriften aus und klebt sie dann auf einen großen weißen Karton.

Sie muß für den Psychologieunterricht eine Art Collage anfertigen, die ihr Leben darstellt.

Darauf sieht man Fotos von mir, ihrem Bruder und von uns dreien; von Joey, Carmen, Ingrid und Ray; eines von ihrem Vater sowie von einem grauen Papagei mit roten Schwanzfedern. Schließlich ist da noch ein Skiläufer, der durch die Luft saust.

In die Mitte des Ganzen hat sie folgende Wörter geklebt: *Das Leben war mir bisher wohlgesonnen.*

Nichole hatte sich große Sorgen gemacht, ob sich ihre Noten soweit verbessern würden, daß sie aufs College gehen konnte. Sie hatte auch daran gedacht, an die dortige Zulassungsbehörde einen langen Brief zu schreiben, in dem sie ihre besondere Situation schildern wollte, wobei sie keineswegs sicher war, ob das etwas nützen würde. Aber zum Glück hatte sie ihre schulischen Leistungen soweit verbessert und einen so guten Abschluß erzielt, daß das College ihrer Wahl sie ohne weitere Erkärungen aufnahm.

Sie heftete die Bestätigung vom College an den Kühlschrank.

Die anderen aus der »Wir-halten-zusammen-Clique« stürmen weiterhin in unser Haus. Joey hat vor, ebenfalls aufs College zu gehen. Kürzlich kam sie von einem Seminar zurück, nahm Nichole in den Arm, drückte sie an sich und sagte: »Es ist mir egal, ob dein Zimmer jedesmal ein einziges Chaos ist. Ich hab' dich einfach lieb.« Joey hat ihre große Liebe gefunden, recht so; ja bei allen Menschen in ihrer Umgebung stößt sie auf viel Zuneigung. Bei dem Seminar ging es darum, wie schwierig, aber auch wie notwendig es ist, sich innerlich zu öffnen. Ingrids Augen funkeln immer noch. Auch sie möchte das College besuchen und denkt schon daran, wie sehr sie dort ihre Mutter vermissen wird. Carmen weiß noch nicht, ob sie dieses oder erst nächstes Jahr aufs College geht, meint aber, das würde sie schon noch herausfinden. Außerdem backt sie weiterhin Karamelplätzchen.

Ich lächle über ihre Energie, ihre Lebensfreude und drehe an meinem Ring. Ja, am goldenen Poesiering von Scotty. Es fällt mir immer leichter, offen zu sein und an den Dingen Anteil zu nehmen. Nach und nach werde ich wahrscheinlich alle Menschen verlieren, die ich kenne. Oder sie verlieren mich. Oder die Beziehungen ändern sich, nehmen eine andere Richtung. Aber das ist noch lange kein Grund, ängstlich zu sein und die anderen wegzustoßen. Vielleicht gibt mir gerade meine Angst zu verstehen, daß ich zugänglicher geworden bin und die Leute an mich heranlasse – daß ich wieder liebe.

Shane fehlt mir sehr. Das wird immer so sein. Aber

etwas Neues ist geschehen. Ich akzeptiere allmählich die Tatsache, daß ich ihn vermisse.

Wir besitzen wirklich alles – in jedem Augenblick eines jeden Tages. Jetzt weiß ich, daß das Ziel darin besteht, all diese Momente auszuleben, sie total zu genießen.

Ich bin viel in der Welt herumgekommen, habe nach heiligen Orten gesucht, an denen der Geist gegenwärtig ist. Dort halte ich mich gerne auf – aber mir ist auch klargeworden, daß man weder angestrengt suchen noch allzuweit fahren muß. Denn solche Orte sind immer in meiner Nähe – nämlich meine Lieblingsrestaurants, die Küche, mein Zimmer und das von Nichole, ja selbst mein Arbeitsraum. Das sind die Orte des Herzens.

Ich habe dem Tod ins Auge gesehen. Das war nicht meine Absicht, aber es war einfach so. Heute dagegen setze ich mich mit dem Leben auseinander. Daran besteht kein Zweifel. Ich habe mich für das Hier und Jetzt entschieden. Und solange ich atme, will ich voller Leidenschaft sein.

Darüber hinaus ist mir bewußt, daß ich bei weitem nicht so angestrengt nach meinen Seelenpartnern Ausschau halten muß, wie ich dachte. Sie sind um mich – eben jene Menschen, die mir helfen, meine Lektionen zu lernen, die Lektionen der Liebe.

· · · · · · ·

Die letzte Lektion in dieser Geschichte wurde mir von Ray beigebracht, dem einzigen »Mann« in der »Wir-halten-zusammen-Clique«. Er ist derjenige, der damals zwei Wunschträume hatte. Er wollte der beste Spieler im Footballteam der Stillwater High School werden; und er wollte einen Weg finden, um aufs College zu kommen.

Eines Abends so gegen zehn Uhr ging ich ins Wohnzimmer. Nichole saß vor dem Fernseher.

»Komm her, schnell«, sagte sie.

Ich schaute auf den Bildschirm. Ein Sportreporter aus Minneapolis stand auf dem Footballgelände in Stillwater und interviewte Ray. Es wurden kurze Ausschnitte eingeblendet, wie er über den ganzen Platz rannte und den Ball im Malfeld des Gegners niederlegte. Sie hatten ihn zum Spieler der Woche gewählt.

»Hast du gehört?« sagte Nichole. »Ray ist traumhaft dieses Jahr. Er ist ein Star!«

Sie erzählte mir, er spiele so gut, daß die Talentsucher für die Footballmannschaften der Colleges schon da waren, um ihn genauer zu beobachten, und daß sie ihn geradezu drängten, sich bei ihrem College und bei keinem anderen zu bewerben.

Ich nahm den Telefonhörer ab und rief ihn an. »Das ist großartig«, sagte ich. »Ich freue mich für dich und möchte dir gerne Blumen kaufen, dich zum Essen einladen, irgend etwas für dich tun.«

»Warum tust du es nicht einfach?« fragte er.

Ich ging also mit ihm essen. Und bei der nächsten

jährlichen Sportveranstaltung der Schule brachte ich drei Dutzend gelbe Rosen mit – eine für jeden Spieler des Footballteams. Ich gab Ray die Karte, auf der ich ihm noch einmal versicherte, wie lieb ich ihn habe, wie glücklich mich sein Erfolg mache. »Du bist wunderbar, mein Lieber«, sagte ich. »Genieße jeden Augenblick, denn du hast es verdient. Und wenn dieses Wunder je verschwinden sollte, dann vergiß nicht: Du weißt, wie du dir selbst ein neues Wunder schaffen kannst.«

An diesem Abend besuchte ich das Footballspiel und hielt mich bewußt etwas abseits von Nichole und ihren Freundinnen. Das war ihre Veranstaltung. Ich lehnte mich gegen den Zaun und schaute zu. In meiner Kindheit war ich meistens zu unglücklich gewesen, um irgendwelchen gesellschaftlichen Ereignissen beizuwohnen, und so war dies mein erstes Spiel anläßlich einer Schuljahresfeier. Wellen der Begeisterung schwappten durchs Publikum, als die Einpeitscher auf und ab sprangen und aus den Lautsprechern die Nationalhymne erklang. Ich nippte an meiner heißen Schokolade. Gleich würde das Match beginnen.

Die Spieler stellten sich in der Mitte des Platzes auf. Dann erfolgte der Anstoß. Die Jungs von der Stillwater High School schnappten sich das Leder an ihrer Sechs-Yard-Linie. Sie formierten sich zum Angriff, aber fast das gesamte Spielfeld lag noch vor ihnen. Ich nahm einen weiteren Schluck von meiner heißen Schokolade.

Einer riß den Ball an sich.

»Die Nummer eins, Ray Wilhelm, hat den Ball!«

Ich sah, wie die Gestalt an den gegnerischen Spielern vorbeiflitzte, sich durch ihre Reihen kämpfte. Einer versuchte ihn zu fassen. Ray machte eine Drehung, löste sich von seinem Widersacher, lief weiter.

»Er ist an der Zwanzig-Yard-Linie! An der Dreißig-Yard-Linie! An der Fünfzig-Yard-Linie!«

Die schlanke, geschmeidige Gestalt brach erneut aus der Gruppe von Spielern aus, die ihn bedrängten. Er rannte weiter in die Tiefe des Raums, die sich vor ihm auftat, und er war nun ganz allein. Als er die Torlinie passierte, sprang die Menge auf und jubelte.

»Ein Lauf von vierundneunzig Yards! Ray Wilhelm für die Stillwater Ponies!«

Die Leute grölten vor Begeisterung. Auch ich brüllte und klatschte so heftig Beifall, daß mir die Hände weh taten.

Plötzlich, inmitten der jubelnden, schreienden und pfeifenden Menge, hörte ich es, und zwar so deutlich, wie es nur geht.

Dieser Treffer ist für dich, Mami.

Ich blickte mich um. Die Nacht war vom Flutlicht erhellt. Sacht wehte der Schnee herab. Am Himmel stand der Mond, eine große weiße Masse.

Und in diesem Augenblick schien es mir, als sei das Universum eine wunderbare riesige Schneekugel, die uns alle umgibt.

Danksagung

Ganz besonders bin ich jenen Personen zu Dank verpflichtet, die mir geholfen haben, dieses Buch herauszubringen:

Christie, unserer Kinderfrau und Haushälterin. Sie ging liebevoll mit den Kindern um und schaute nach ihnen, wenn ich einmal nicht dasein konnte.

John Hanson, Shanes bestem Freund, und seiner Mutter Sue.

David, dem Vater meiner Kinder.

Meiner Mutter, die mir erneut gesagt hat: »Du schaffst es.«

Meinen Schwestern und meinem Bruder – Jeanne, Joanne und Jimmy – sowie ihren Ehepartnern, die offen für mich waren und die ich auf wunderbare Weise neu kennengelernt habe.

John Thurik.

Nan, jenem sanften Licht in dunkler Zeit.

Wendylee für ihre Stärke, ihren Zuspruch und ihre Unterstützung.

Ann Poe dafür, daß sie als Lektorin und als Freundin in mein Leben zurückgekehrt ist.

Caroline Pincus, Tom Grady, Clayton Carlson und den übrigen Mitarbeitern von HarperCollins, die das vorliegende Buch mit konzipierten und an mich glaubten.

Erin, die mich freundlich daran erinnerte, welche Geschenke einem zuteil werden, wenn man innerlich offen ist.

Max.

Echo, meiner besten Freundin, für ihre Liebe, ihren Beistand und viele andere heilsame Geschenke.

Echos Bruder, meinem Freund Mike.

Megan mit ihrem Gesicht voller Sommersprossen und ihrem engelhaften Lächeln.

Den Cooks.

Gott.

Den vielen medizinischen Fachkräften und Wohltätern, die mich am Leben erhielten, bis ich den Entschluß gefaßt hatte, wieder lebendig zu werden: Dr. Bill, Dr. Steve, Dr. Gary, Peg, Chris und den Mitarbeitern bei »Life Force«.

Jeannie Reinert für die gelben Rosen, für Charlie und für die Geschichte, die mir half, meiner eigenen Geschichte wieder zu vertrauen.

Ahmos, meinem Manager, der immer an mich und an meine Zukunft glaubte – auch dann, wenn ich verzweifelt war.

Louie, meinem besten Freund, der mir half, für Menschen und Dinge wieder empfänglich zu werden und die Lektionen der Liebe zu lernen.

Der »Wir-halten-zusammen-Clique«: Joey, Carmen, Ingrid und Ray.

David Hackler, der eine Quelle der Inspiration und ein Überlebender ist.

Nichole für ihre Liebe, ihre Gegenwart und ihre Hingabe. Ohne dich, mein Schatz, hätte ich das alles nicht bewältigt.

Shane für seine vielen Geschenke, die auch ohne ihn weiterleben.

Und Scotty, meinem Kämpfer und Ritter. Du bist genau in jenem Moment aufgetaucht, als ich dich am meisten brauchte.

Aber eigentlich gilt das ja für alle hier Genannten, nicht wahr?